JN071674

子規と日蓮

ひとつの法華経受容史

川口　勇
Kawaguchi Isamu

東方出版

■目次

はじめに

『子規と日蓮』と題した本書は、副題に「ひとつの法華経受容史」とした。これは日蓮と子規が『法華経』の歴史のなかに今も生きつづけているという意味である。日蓮が法華経の行者として生ききったことはよく知られていようが、子規が終生日蓮に関心をもちつづけていたことを知る人はすくないのではないか。本書は子規と日蓮の関係史をたどりながら、そこに通底する日本におけるひとつの『法華経』の受容史を考えてゆこうとするものである。

正岡子規は明治三五年九月一九日、三五歳の生涯を閉じたが、その一ヵ月半前の八月四日付『病床六尺』に、「このごろ病床の慰みにと人々より贈られたるもののうちに」と前書して、次のように記している（以下、本書に引用の子規の文章は、講談社版『子規全集』による）。

鳴雪翁より贈られたるは柴又の帝釈天の掛図である。この図は日蓮が病中に枕元に現はれたといふ帝釈天の姿をそのまま写したもので、特に病気平癒には縁故があるといふて贈られたのである。その像は四寸ばかりの大きさで全体は影法師を写したといふために黒く画いてある。顔ばかりやや明瞭で、菱形の目が二つ並んで居る。傍には高祖真毫自刻帝釈天王、東葛西領柴又、経栄山題経寺と書いてある。上の方には例の鬚題目が書いてあつてその傍に草書でわからぬ事が沢山書いてある。その中に南無釈迦牟尼仏とか、病之良薬とかいふのが僅かに読める。いろいろな神様を祭らせてなるべく信仰の種類を多くせうとした日蓮の策略は浅墓なやうであるけれども、今日に至るまで多くの人の信仰を博して柴又の縁日には臨時汽車まで出させるほどの勢ひを持つて居るのは、日蓮のえらい事を現はして居る。

歌人・内藤鳴雪が贈ってくれた柴又の帝釈天の掛図は床の間に掛けられ、死の床にあった子規はこの掛図を飽かず見つめ、細かく描写している。この掛図の帝釈天の図の上に書かれている「例の鬚題目」は、「上の方には例の鬚題目が書いてあつてその傍に草書でわからぬ事が沢山書いてある」とあるから、おそらく十界曼荼羅だろう。日蓮は生涯に一二〇数本の大曼荼羅を図顕したが、このような大曼荼羅の模写は全国的に散在しているから、帝釈天のもそのうちの一つだったとおもわれる。

子規は日ごろ周囲の人々に、日蓮について語っていた。そういうことでは、『病床六尺』の右の記事から一ヵ月後の九月三日（死の半月前）の『仰臥漫録』に、「病臥一〇年」と題して次のような句の羅列がある。

法然賛　念仏に秀はなけれども藤の花
弘法賛　龍を叱す其の御唾や夏の雨
親鸞賛　御連枝の末まで秋の錦哉

伝教賛　此杣や秋を定めて一千年

日蓮賛　日蓮の骨の辛さよ唐辛子

〃　鯨つく漁夫ともならで坊主哉

〃　鬼灯の行列いくつ御命講

日本仏教の各祖師たちを客観的な視座にたって、的確にそれぞれの宗教の特徴を句に仕立てたものである。法然は「念仏に秀はなけれども」と詠い、空海は「龍を叱す」、親鸞は「御連枝の末まで」、最澄は「杣や秋を定めて」とそれぞれ一句ずつあげている。ところが日蓮については三句作り、季語についても法然は「藤の花」、空海は「夏の雨」、親鸞は「秋の錦」、最澄は「秋を定めて」とあるが、日蓮には季語（御命講）をいれている。また他の祖師たちは客観描写に徹しているが、日蓮三句には具体的な詠みかたであることが注目される。「骨の辛さよ」「漁夫ともならで」などは日蓮の生涯そのものを託したものだし、「鬼灯の行列」は日蓮の報恩会式のありさまをそのまま句に仕立てている。これらの句は身動きさえままならなくなった病床における作句だから、つまり追想の句になる。子規は死の半月前に、法然以下五高僧の特徴を句に託しながら、なかでも日蓮を偲んでいたのである。

子規が病床のなかで眺めていたという柴又帝釈天の掛図だが、この掛図はひょっとして残されているのではないかというおもいから、私は平成三〇年八月三〇日、松山の子規記念博物館を訪ねた。しかしそこには保存されていなかった。ために九月一五日には東京根岸の子規庵を訪ねた。

子規記念博物館の立派な建物に比して子規庵は何とも貧弱な家屋だった。明治三三年の「日本」に「六畳の間一つ、南に窓を開きて、病床も書斎も応接所も客室も総てを兼ねてこゝに事をすます身の上、我ながらむさくろしと思ふ」（「我室」）としたためた子規はここで「痩骨をさする朝寒夜寒かな」と詠いながら病床生活を余儀なくしていたことをおもうと、不憫さが漂ってきた。そこに住まいしていた母や妹や、ひっきりなしに訪ねてくる俳人や歌人たちの姿も瞼に浮かんでくる。それにしてもびっくりさせられたのは、子規庵は連れ込みホテルのど真ん中に建っていたこと。子規庵の周囲には数十軒の華麗きわまりないラブホテルが林立していて、ホテルのなかからでてきた若い男と女が路上でキスして別れようとしたり、車でやってきた男がホテルの前で待っていた女を乗せて走り去るといった光景を、まの当たりにした。子規庵がそのような場所にあるとはつゆ知らなかった私にとって、これは大きな驚きである。しかも子規庵は、それらのホテルがすべて豪奢であるのに較べると、なんともお粗末な平屋の一軒家。小さな部屋が三つほどあり、子規の遺品などが陳列されていた。ここに子規は病臥の生活を送っていたわけで、所狭しといわぬばかりの小庭には、子規が毎日のように眺めていたであろう糸瓜棚なども残されていて、そこはかと子規を身近に感じられはしたものの、こんな窮屈な家で病床生活を送りながら、あの膨大な事業の大半がここで為されたとおもうと、おのずから憐憫の情が湧きおこってきた。偉大なるかな子規。係の人に例の掛図の存在を尋ねると、それはおそらく震災もしくは戦災で消失したのではないかという素っ気ない返事。まことに残念というほかはない小旅行とはなった。

しかし右にのべた、子規と日蓮の関係を示す事実は、子規にとって日蓮が特別な人物ではなかったというおもいをひたひたと胸に去来させた。たしかに『病床六尺』をはじめ『墨汁一滴』や『仰臥漫録』といった病床から発せられた子規の文章中に日蓮に関する記事は、たとえば明治二六年の「鎌倉一見の記」には「日蓮の高弟日朗の土窟」を訪ねた記事があるし、明治二八年の『獺祭書屋俳話増補』のなかには「古来多数の崇拝者を得たる者は、宗教の開祖に如くはなし。釈迦、耶蘇、マホメトは言ふを須ひず、達摩の如き、弘法の如き、日蓮の如き、その威霊の灼々たる、実に驚くべきものあり」などとある。

一方、子規は自ら「宗教を信ぜぬ余には宗教も何の役にも立たない」(『病床六尺』)と発言したように、無宗教主義を喧伝する文章が目立つ。高浜虚子の小説『柿二つ』には、「私には宗教心といふやうなものは探してもありません。私にはただ野心があるばかりです」という子規のことばを載せている。俳句作品のなかにも「行く秋の我に神なし仏なし」(二九歳)とある。このようなところから子規は無宗教家という断定がくだされたものだろう。今日においては、ほとんどの論者・評者は子規に無宗教家というレッテルを貼るに至っている。

しかし『仰臥漫録』における五高僧を讃えた俳句や、鳴雪が贈ってきたという掛図などには、とても無宗教家とはいえないものが匂ってくる。子規の宗教にたいする本音はどこにあったのか。試みに子規晩年の句をみてみよう。

明治三四年(死の前年)

名ある寺の桜に多き石碑かな
題目の碑がある寺の辛夷かな
馬の尾に仏性ありや秋の風
糸瓜さへ仏になるぞ後るゝな
成仏や夕顔の顔へへちまの屁

明治三五年（死の年）

解しかぬる碧巌集や雑煮腹
大仏の目には吾等も朧かな
今朝見れば萎れし花の御堂哉
蝶飛ぶやアダムもイヴも裸なり
陽炎や石の魂猶死なず

このほかにも二九歳の句に「又けふも涼しき道へ誰が柩」とある。この句には「三界無安猶如火宅」（三界は安きことなし、なお火宅のごとし）という法華経句の前書きがある。世の実相を説いたこの経句に子規が同調したのは、死の床にあった子規にとって「誰が柩」は人ごととしてではなく、おのれにひきよせた句と読める。また右に掲げた三四年の「糸瓜さへ仏になるぞ後るゝな」「成仏や夕顔の顔へへちまの屁」の二句には「草木国土悉皆成仏」という前書きがある。この標語めいた句は『涅槃経』にある「一切衆生悉有仏性」が本覚思想の影響のもと、室町時代以降、花道や文芸の世界において盛んに使われだしたもの。死を覚悟していた子規は「草木国土悉皆成仏」から、糸瓜の成仏からおのれの成仏を想念に載せて作句した。子規にはこのほかにも、『法華経』をもじった「発句経譬喩品」というおかしげな作品もある。これは『法華経』(「譬喩品」)からの連想である。

このようにみると、子規はけっこう宗教的な句を残していた。では「宗教を信ぜぬ余には宗教も何の役にも立たない」という発言はどう受け止めればよいのか。考えられることの一つは、病床子規の強がりではなかったかということ。「糸瓜さへ仏になるぞ後るゝな」にはそうした子規の本心がぽろっとでた一句ではなかったか。「糸瓜さへ仏になる」のだから、自分もまたといった感興が、「後るゝな」ということばとなって表にでてきたのではないか。詳しくは第三章に論証するが心の奥底には子規はきわめて宗教的な心をもった人だった。

以上のような視点にたって子規と日蓮の関係について考えてゆこうとするのだが、そのために、日蓮とはいかなる宗教家だったのかという点を、あらためて見つめなおす。その場合、「法華経の行者日蓮」という視点にたって、その生涯を再検討する。

このことを解明する前に、「勅撰和歌集」について考えたのは、平安時代から鎌倉時代にかけての仏教史を見つめなおしたとき、一般的には、そこで精彩を放つのは浄土教と密教であり、その勢いが日本中を席巻していたというイメージがつよいのだが、こと「勅撰和歌集」の世界では念仏や密教以上に『法華経』がもっともおおく詠われていた。そこでは浄土教も密教も詠われているけれども、『法華経』とは比べようもない。しかも「勅撰和歌集」は日蓮在世のときにも編集されつづけていたから『法華経』にいのちをあずけた日蓮と結びついてゆく。そして日蓮に関心をもちつづけた子規の存在もまた法華経の歴史のなかで無視することはできない。子規が俳句と同時に短歌の革命児だったことを視野にいれると、和歌・日蓮・子規が法華経を中心にした同心円を描いているという鳥瞰図が浮かんでゆくではないか。

第一章 「勅撰和歌集」における仏教

（一） 母の愛

聖武天皇の時代のこと、吉志火麻呂（きしのひまろ）という人が武蔵国（東京都）の西部、多磨郡鴨の里（五日市町）のあたりに住居をかまえていた。五日市町は平成七年に秋川市と合併し、現在は「あきるの市」。火麻呂は大伴のなにがし（姓名は伝わっていない）という役人に指名されて防人（さきもり）となり、任地の九州におもむいた。

火麻呂の妻は生国にとどまり、留守宅を守ることになるが、母の日下部真刀自（くさかべのまとじ）は防人の従者という資格で九州まで同道し、火麻呂のめんどうをみることになった。これは当時の法の定めによる。

それから三年の月日がたち、火麻呂は妻へのおもいをつのらせていた。そして大変なことをおもいつく。母を殺せば、喪に服することができ、それによって軍役をのがれることもできる。これは当時法で定められていたわけで、火麻呂はその悪用を図ったわけである。そうすれば自分は国もとへ帰ることができ、いとしい妻と会うこともできるだろう。母の真刀自は生れつき心が清く、仏教を信仰し、正しいこころで信心のまことをつくす人なので、火麻呂はそこに目をつけたのだ。そして母に語りかけた。

「東のほうの山のなかで、七日間の『法華経』を講義する集会があるといいます。お母さん、行ってお聞きになられれば」

母はすこしおかしいとは感じながらも、お経の講義なら聞きたいものと、さっそくお湯でからだを洗って清めた。そして息子とともに山の中へはいっていった。その途中、火麻呂がいきなり足を止めると、牛のような目つきで母をにらみつけ、

「この地にひざまずくのだ」

母はおどろいて息子の顔をまじまじみつめ、

「いったいどうしてそのようなことを言うのです。もしや、おまえ、魔物にでもとりつかれているのじゃないか」

火麻呂はそんな母のことばを耳にいれようとせず、太刀をぬくと、いきなり母を斬り殺そうとした。母は息子の急変におどろきながらも、息子の前にひざまずくと、

「人が木を植えるのは、木の実を採ったり、木蔭に憩うためです。親が子を養うのは、子の力を借り、さらに子に養ってもらうためです。頼みとした木から雨が漏るように、どうしておまえは、思いもつかないおかしな心を起こしたのです」

火麻呂は耳をかそうとはしない。母は困りはてると、着ていた着物をぬぎ、それを三ヵ所に置

いた。そして息子の前にひざまづくと、

「わたしの気持ちをおもい、どうかこの着物を包んでおくれ。一つの着物は長男のおまえがとればよい。一つの着物は二番目の息子に送ってやっておくれ。もう一つの着物は末の息子に渡してくれればよい」

火麻呂は、いよいよ心をきめて母の前にすすむと、母の首をはねようとした。そのとき、いきなり大地が裂けた。火麻呂はたちまち穴のなかへ落ち込んでいく。母は立ち上がり、落下してゆく極道息子の髪の毛をつかみ、天をあおいで泣き叫んだ。

「わが息子は魔物にとりつかれてしまいました。正気でやったことではありません。どうかこの罪をお許しください」

母はそういいながらも、息子の髪をしっかりと握りしめ、引き留めようとした。しかし火麻呂はとうとう大地の裂け目から深く落ち込んでいった。

母は息子の髪を持って家に帰ると、お坊さんをよんで法事を営んだ。そして髪を箱におさめ、仏像の前に安置し、ふたたびお坊さんを招くと、ていねいに『法華経』による追善の供養をおこなった。

右の説話は南都薬師寺の僧、景戒（きょうかい）の著した仏教説話集『日本霊異記』（以下『霊異記』と略）中三の「悪逆の子の妻を愛（めぐ）みて殺さむと謀（はか）り現報に悪死を被（かうむ）りし縁」を、内容から「母の愛」と命名した、筆者による現代語訳である。

この話をした後に、作者の景戒は次のような感想を記している。

「母の愛は山よりも海よりも深い。そのために、道ならぬことをしでかそうとした不孝息子にあわれみの心をかけ、供養までつとめあげた」と。そして「不孝の報いはかならず現われるものというのが仏教のおしえ。道ならぬ行為はかならず罪の報いのあることを知るべきである」とまとめている。

『霊異記』にはおおくの仏教経典の引用があり、そのなかで最もおおいのが『法華経』であることはつとに知られている。右の説話もその一つ。ここにはまた防人が登場しているが、防人とは奈良時代、主に九州北部の西海防衛のために兵士が東国から徴発された兵員のことで、『広辞苑』には防人の歌は「東国方言を用い、親子・夫婦の哀別を歌った純情流露の作が多い」とある。「母の愛」はこれを実証したような説話といえるだろう。

(二)『日本霊異記』と『万葉集』

『霊異記』に登場する防人は、嘘をついて母親に『法華経』の講義の集会があることを勧めたが、このことは当時、『法華経』の講説がひろくおこなわれていたことを示している。息子の勧めに応じた母親が、集会に出向こうとしたのは、その事実の信憑性を高めるものだろう。この当時、仏教の講説は九州という土地において、しかも防人階級の人にまで波及していたことを示している。

『霊異記』に登場した防人は『万葉集』にも詠われているが、『霊異記』と『万葉集』とは内容的にも時代的にも相似するところがおおい。『万葉集』が編纂された三〇〇年という期間を仏教を中心にして考えてみると、仏教伝来→聖徳太子→僧尼令→行基→東大寺建立→大仏開眼→鑑真来朝→最澄と空海といった太い線を描くことができる。『霊異記』もまたこの期間と符合しているのである。一方は説話、一方は歌集であるが、仏教世界を知る手がかりとしては『霊異記』も『万葉集』も第一級の資料とされてきたことは意義あることといわねばなるまい。また『万葉集』の巻頭は雄略天皇の歌から始まるが、『霊異記』第一巻巻頭の「雷を捉へし縁」にも雄略天皇が登場する。『万葉集』が三〇〇年間の歌を編纂、四五一六首の歌を収録しているように、『霊異記』もまたほぼ同時代の三〇〇年のあいだの説話集なのである。この三〇〇年という時代は日本国家の揺籃期から奈良遷都を経て天平宝字三年（七五九）までをふくむ。つまり国家の揺籃期から平安遷都（七九四年）の直前までの和歌の集大成が『万葉集』であり、『霊異記』もまたこの時代の世相や僧侶の実態を説話という形式のなかで描写したものといえる。両者が根柢に仏教を置いているところに時代的な共通性を感じさせる。『万葉集』編集の最終は天平宝字三年（七五九）だが、『霊異記』の一応の完成は延暦六年（七八七）で、その後の追加記入は弘仁一三年（八二二）ということを考えると、まさに両書は同時代の作物だった。

(三)『万葉集』の仏教思想

『霊異記』にでてきた防人だが、『万葉集』には第一三巻に長歌一首と短歌一首、第一四巻に短歌五首、第二〇巻に長歌一首と短歌八三首と数えあげることができる。

次に示す『万葉集』〝四三〇一〟は母子の愛情を詠ったもの。

稲見野のあから柏は時はあれど君を吾が思ふ時は実無し

(稲見野―兵庫県印南郡あたりの平野―のアカラガシワは時節がきまっているけれど、君を思う私の心持は、時節の区別がなく、いつでも胸に一杯です)

『霊異記』と『万葉集』の仏教思想についてだが、『霊異記』については別に論考したのでここでは略す(『印仏研』40-20-2)。『万葉集』における仏教的思想についても、すでにおおくの論考があるので、ここではおおまかに仏教的諦観、無常観、苦界、老歌、来世観に分類し、それぞれの代表歌を二首ずつ提示しておく。(『万葉集』の資料は岩波書店『日本古典文学大系』本による)

仏教的諦観

・世間は空しきものと知る時し　いよよますます悲しかりけり(大伴旅人　七九三)

・斯くしつつ遊び飲みこそ草木すら　春は生ひつつ秋は散りゆく(大伴坂上郎女　九九五)

無常観

・巻向の山辺とよみて行く水の　水沫(みなわ)のごとし世の人われは(柿本人麿　一二六九)

・咲く花は移ろふ時ありあしひきの　山菅の根し長くはありけり(大伴家持　四四八四)

苦界

・生ける世に恋といふものを相見ねば　恋の中にもわれそ苦しき（読人しらず　二九三〇）

・おのが齢の衰へぬれば白妙の　袖のなれにし君をしそ思ふ（読人しらず　二九五二）

老歌（無常観のさいたるものは老いかもしれない）

・この世には人言繁し来む世にも　逢はむ我が背子今ならずとも（読人しらず　五四一）

・事もなく生き来しものを老いなみに　かかる恋にも我れは逢へるかも（大伴旅人　五五九）

来世観

・王(おほきみ)は神にし座(ま)せば天雲(あまくも)の　五百重(いほへ)が下に隠り給ひぬ（置始東人　二〇五）

・今日今日とわが待つ君は石川の　貝に交りてありといはずやも（依羅娘子　二二四）

なお、最初にあげた大伴旅人の短歌には長歌があり、そのなかに「本願」という語がある。「本願」といえば今日の立場からは浄土教を連想させるが、万葉の時代にはむしろ法華経の影響下にあると、岩波書店版『万葉集』には解説されている（日本古典文学大系『万葉集』第二巻）。

（四）和歌と仏教

以上は序説としてごく簡単に『霊異記』と『万葉集』から、その抱懐する仏教思想について概観した。ここからは『万葉集』以降の和歌の歴史を仏教思想との関連から考えてゆく。

和歌の歴史は『万葉集』のあとには、延喜五年（九〇五）に『古今和歌集』が醍醐天皇の勅撰により、紀貫之等四名が選者となって編纂された。つづく第二番目の「勅撰和歌集」は、天暦五年（九五一）に村上天皇の勅によって『後撰和歌集』が世にで、これ以後五〇〇年間にわたり二一編が編纂された。この五〇〇年という時代を鳥瞰してみると、平安遷都からはじまり、院政時代を経て武家が台頭してゆくなかから平家が天下を手中におさめるも、「諸行無常の鐘」とともに四〇数年で滅び、源頼朝が鎌倉に幕府を設ける。この時代には承久の乱がおこり、天皇の力が弱体化してゆくなか、室町幕府が新体制をとるが、それも束の間、世は南北朝時代を経て応仁の乱を迎える。「勅撰和歌集」はこの応仁の乱の直前まで編纂されつづけ、これ以後は編纂されていない。ちなみに「勅撰和歌集」を列挙しておくと、『①古今和歌集』『②後撰和歌集』『③拾遺和歌集』『④後拾遺和歌集』『⑤金葉和歌集』『⑥詞花和歌集』『⑦千載和歌集』『⑧新古今和歌集』『⑨新勅撰和歌集』『⑩続後撰和歌集』『⑪続古今和歌集』『⑫続拾遺和歌集』『⑬新後撰和歌集』『⑭玉葉和歌集』『⑮続千載和歌集』『⑯続後拾遺和歌集』『⑰風雅和歌集』『⑱新千載和歌集』『⑲新拾遺和歌集』『⑳新後拾遺和歌集』『㉑新続古今和歌集』の二一編で、古来「二十一代集」と呼称されている（なお以下それぞれの歌集の『和歌集』の名は略す）。

『万葉集』に認められる仏教思想は、その後編纂された「勅撰漢詩集」としての『凌雲集』『文華秀麗集』『経国集』などにはみられるが、紀貫之が『①古今』の序に「やまとうたは、ひとのこゝろをたねとして、よろづのことの葉とぞなりける」と「やまとうた」を強調し、純然たる「倭の歌」としての意識を貫之たちがもっていたからであろう、『①古今』や『②後撰』には仏教経典を題材とした作品はみられない。とはいえ仏教的な「心情」や「憂世」を詠ったものは多数みられるわけで、その流れは三番目の『③拾遺』以降の歌集に反映されてゆくことになり、『拾遺』以降は、僧ばかりか歌人たちのおおくが仏教の歌を詠うようになる。

『万葉集』にみられた僧侶の歌については、同時代の漢詩集『懐風藻』に僧侶の名があがっているから、仏教ははやい時期から漢詩集の世界に影響を与えていたことがしられるが、仏教の和歌への影響は『拾遺』より仏教の歌が登場してくる。その頃には宮廷内に僧が頻繁に出入りするようになっており、漢詩集に摂取された仏教思想が、和歌の世界へも波及し、仏教を無視することができなくなったものだろう。

仏教的な和歌について考えるまえに、当時の仏教史を概観しておくと、平安時代初期に登場した最澄、空海の影響がおおきい。そこで説かれた天台のおしえ、密教のおしえは、これ以降の仏教にも影響を与えつづける。ことに平安時代から鎌倉時代にかけての天台を中心とした法華、密教のひろがりを政治的に捉えた歴史家黒田俊雄が、そうした顕密仏教を「権門体制論」と烙印を押したことがこれを象徴しているだろう。密教は東密としての空海にとどまることなく、台密として叡山内においても大きな力をもつことになるが、同時に叡山内に念仏が一世を風靡していったことも視野にいれなければならない。念仏は天台智顗(ちぎ)が説いた常行三昧という修行方法が比叡山においても行われるようになったもので、阿弥陀仏像のまわりを歩き回りながら口に念仏を唱え、心に弥陀仏を念ずるというもの。円仁が承和一四年(八四七)中国から五台山の念仏を伝えたことにより、急速に普及していった。天慶元年（九三八）には空也が京都で念仏を称えながら踊りつづけるなど、念仏を称える人々は次第に日本全国に弘まっていた。

このような状況下、和歌の世界においても仏教思想を摂取してゆくようになり、それが「勅撰和歌集」に反映されてゆく。僧侶自身の歌として『①古今』を代表する僧正遍照の存在は無視できないが、かれは「あまつかぜ雲のかよひぢ吹きとぢよ　をとめのすがたしばしとゞめん」と詠っている。遍照にはこのほか一七首登載されている。僧であってもこのような恋歌を詠ったところにその存在が認められるというのは、『①古今』『②後撰』の時代においては「和歌」が「倭歌」という認識下におかれていた結果であろう。もちろん以下に示すように『古今』や『後撰』にも次のような仏教思想の影響を受けた歌がある。

・ことしより春しりそむるさくら花ちるといふ事はならはざらなん（紀貫之　古今　四九）
・花の色はうつりにけりないたづらにわが身世にふるながめせしまに（小野小町　古今　一一三）
・夏草のうへはしげれるぬま水のゆくかたのなきわが心かな（壬生忠岑　古今　四六二）
・思ひいづる時ぞかなしき世中はそら行く雲のはてをしらねば（よみ人しらず　後撰　一一九〇）
・身ははやくなき物のごと成りにしをきえせぬ物は心なりけり（伊勢　後撰　一二一三）

なお、右の歌を含め、本書における「勅撰和歌集」の引用和歌は『新編国歌大観　第一巻　勅撰集編　歌集』（昭和五八年二月　角川書店発行）に依拠する。

（五）釈教歌の登場

表一に示したように、「勅撰和歌集」には四季・賀・離別・羇旅・物名・恋・哀傷・釈教・神祇・雑といった部立がたてられているが、こうした部立は『万葉集』にはみられなかった。とはいうものの、『万葉集』が挽歌や相聞歌（恋愛）や雑歌を抱懐した内容は「勅撰和歌集」にも流れている。このことは日本における和歌が四季を詠うこともさることながら、人々の日常の暮らしのなかに占める心情を歌として表現してゆくところに特色をもたしめる。そうした世界観のなかに仏教が流入していった。心情を詠う内容が色濃き内容を伴うようになっていったのは仏教の影響と考えてよい。「勅撰和歌集」の時代、仏教はほとんど宮廷人の日常生活のなかに溶けこむようになっていたから、仏教的に生きることがすなわち当時の宮廷人の生活そのものという認識におかれていたのである。このことをもっとも的確にのべたのが慈円。慈円は平安末期から鎌倉初期の時代を生きた人だが、自身の歌集『拾玉集』に「今生世俗の文字の業を翻して当来讃仏法輪の縁となす」といっている。歌を詠うのは讃仏のためというのである。『万葉集』は挽歌なり相聞歌を中心にしていたが、そこに色濃く仏教思想が加味され浸透してゆくと、恋とか別れの歌に併せ、讃仏としての仏教思想を摂取してゆくようになった。この点についてはのちに詳述したい。

歌の世界にあっては、そうした状況からさらに変転をしてゆく。歌合など遊興からはいった人々のなかから歌を専門とする人々が輩出するようになったのは当然のなりゆきで、歌人という専門的な世界が独立してゆく。それは『⑤金葉』『⑥詞花』の時代から歌の家系が形成されてゆくと

表一　「勅撰和歌集」部立の歌数

和歌集＼部立	春	夏	秋	冬	賀	離別	羇旅	物名	哀傷	恋	釈教	神祇	雑	全体歌数
①古今	134	34	145	29	22	41	16	47	34	360	49	51	138	1100
②後撰	146	70	226	64	29	32	32		29	568			229	1425
③拾遺	78	58	78	48	38	53		78	78	379		45	418	1351
④後拾遺	164	70	142	48	36	39	36		68	228	20	30	328	1209
⑤金葉（Ⅱ）	93	62	101	48	29	16				166	17		133	665
⑥詞花	50	31	58	21	11	15				85	6		138	415
⑦千載	135	90	161	89	35	22	47		61	318	54	33	243	1288
⑧新古今	174	110	266	156	50	39	94		100	446	63	64	416	1978
⑨新勅撰	136	56	169	81	51		46			395	54	34	352	1374
⑩続後撰	167	70	219	74	42		55			373	52	52	267	1371

＊資料は『国史大辞典』（吉川弘文館）によるが注のように一部改変した。

㉑新続古今	⑳新後拾遺	⑲新拾遺	⑱新千載	⑰風雅	⑯続後拾遺	⑮続千載	⑭玉葉	⑬新後撰	⑫続拾遺	⑪続古今
219	162	192	187	300	154	209	292	156	145	181
127	122	117	121	145	85	132	156	93	69	102
260	174	247	287	279	170	252	385	191	163	257
138	118	120	139	174	91	111	203	91	92	145
70	23	59	90	56	28	51	67	42	38	58
33	22	22	27		29			21		38
92	61	86	58	61	44	102	143	55	63	87
					27					
47		76	109		46	67				96
553	339	461	631	450	339	597	577	437	331	444
66	35	78	118	63	42	106	110	106	66	71
68	26	68	72	53	38	66	74	56	53	62
471	472	394	526	630	260	450	793	359	439	374
2144	1554	1920	2365	2211	1353	2143	2800	1607	1459	1915

注　①新古今の「釈教」「神祇」には部立がないので「御歌」「神遊歌」等の中から撰した。③拾遺の「神楽歌」は「神祇」にいれた。⑤金葉⑥詞花の「釈教」は「雑」の中から撰した。⑤金葉は三種類あるが本書ではⅡによる。

ころに顕著である。歌を文学的なものに昇華させてゆこうとしたそれらの人々の台頭は御子左家（みこひだりけ）といわれる。藤原道長の子、長家にはじまるこの家系は院政末期から鎌倉時代には俊成という大作家の登場へと進化する。後白河法皇が俊成に秀歌を撰集せよと院宣をくだされて成立したのが第七番目の『千載』である。それは源平合戦のさなかの寿永二年（一一八三）になる。これ以後、平家のいわゆる都おちへと歴史は動いてゆくが、『千載』には「釈教」が独立して部立のなかにはいった。これは歌の世界において仏教あるいは仏教思想は無視できなくなったことを示している。

「釈教」という言葉じたいは、阪口玄章『日本仏教文学序説』によると、『日本書紀』に「衆僧修行釈教」とあり、『懐風藻』の序文には「専崇釈教」とあり、『本朝文粋』には「釈迦文教」とか「釈尊之遺教」とあるから、「釈教」はこれらの略語として使われるようになったものと考えられる。

釈教歌は第四番目の『後拾遺』にはじめて部立のなかにいれられながら、『金葉』『詞花』にははずされたので、『千載』はその復活ということになる。『千載』には僧侶の数も八八人とおおくを数える。撰者の俊成は『古来風体抄』に「歌をのみ思ひて人を忘れける」と、いわば芸術至上主義を吐露したが、撰にさいしても、これは『平家物語』にもでてくる平忠度の「さざなみや志賀の都は荒れにしを昔ながらの山桜かな」を「読人しらず」として採るなど、朝敵の歌をもおおく採った。まさに「人より歌」の世界、つまり文学的・芸術的な作品としての和歌がここに現出した。俊成は抒情的で余情のある名歌を残したが、採取したおおくの歌もそのような傾向にあることはいうまでもない。それのみならずこの流れは『新古今』へと昇華し、仏教の影響が色濃く反映してゆくことになる。

(六)「勅撰和歌集」における僧侶

表一に示したように「勅撰和歌集」にはおおくの部立が立てられているが、歌人たち、すなわち宮廷人のおおくは「釈教歌」という部立のなかにも「四季」はもちろん、「恋」や「心情」や「憂世」を詠っている。なかには経典に即して詠まれたもの(後出)や論書として『菩提心論』や『大智度論』などを引用して詠われたものもある。そのほか「諸悪莫作、衆善奉行、自浄其意、是諸仏教」という「七仏通戒偈」をテーマとしたもの、諸行無常なり仏教的心情あるいは憂世など、経典とは無関係ではあるものの仏教思想をはらませた歌もおおい。また天王寺とか高野山への参詣を詠ったものもある。ここに「釈教歌」のなかにそれら「心情」や「憂世」を詠ったものの一部分を提示しておこう。

・さくら花ちりかひくもれおいらくのこむといふなる道まがふかに(在原業平　古今　三四九)

・くろかみにしろかみまじりおふるまでかかるこひにはいまだあはさるに
(坂上郎女　拾遺　九六六)

・別れにしその面かげの恋しきに夢にもみえよ山のはの月(寂然法師　新古今　一九六〇)

・はじめよりあふはわかれと聞きながら暁しらで人をこひける（藤原定家　続拾遺　九一六）
・くれ行くををしむ心のふかければ我が身に年はとまるなりけり（祝部成仲　続拾遺　四六七）
・ゆくとしををしめば身にはとまるかとおもひいれてやけふを過ぎまし
（藤原俊成　続拾遺　四六八）
・四十まで花に心をそめながら春をしらでも身こそおいぬれ（法印公朝　続拾遺　五〇一）
・あひかたきみのりの花にむかひてもいかでまことのさとりひらけん
（藤原為家　玉葉　二六九三）
・物をのみ思ひの家を出でてこそのどかに法の声も聞ゆれ（和泉式部　続後拾遺　一二七五）
・今はとて世にも人にもすてらるる身に七十の老ぞかなしき（藤原為家　新後拾遺　一三三〇）
・世の中を夢ぞとまではしりながらおどろきがたき身こそつらけれ
（心海上人　新続古今　一九一五）

右に引用した三首目の寂然法師には恋を詠った歌が多数登載されている。寂然は俗名藤原頼業（よりなり）といい、従六位上に相当する左近衛府の三等官から壱岐守に就任したのち出家したという経歴をもつ。この人には兄弟が三人あり、三人がみな官位をもちながら出家して、「寂念」「寂超」「寂然」と「寂」を冠したので、「大原三寂」と称され、「勅撰和歌集」にもおおく登載されているから、三人とも当時有名な歌人といわれていたのであろう。ところがどういうわけか、三人とも生没年はわからないという。

「勅撰和歌集」にはこれらの僧もふくめ、おおくの歌人たちが仏教の世界観に浸った無常感なり老の悲しみを詠っている。こうした傾向は、『万葉集』からの心情につらなるもので、「勅撰和歌集」の歌人だけに特定されるものではない。ここに和歌の一つの特徴があるが、詠いかたは『万葉集』が「ますらをぶり」といわれるように、直截で、絢爛とした修辞を加えるなかに、自然を注目した叙景の歌を中心とした男性的な風が全体にながれているのにたいして「勅撰和歌集」では、全体的に女性的でなよやかさが面にでてゆく。歌に知的要素が加わり、余情なり余韻をふくませてゆくので「心情」や「憂世」がいちだんと深まりをみせるようになった。そこに仏教思想の影響があることはいうまでもない。

さて『④後拾遺』から『⑦千載』までは時代が大きくうごいた時である。公家社会また院政という政治の様式がくずれてゆき、武家が台頭してゆく。武家時代のはじまりは保元・平治の乱あたりと考えてよかろうが、この時代には文化の面、それを代表する歌の世界では、『⑥詞花』や『⑦千載』にみられるように、活気づいてゆく。これは歴史というものが政治的なものとは相反した動きのなかに新らしい文化を醸成させてゆくということではないか。鎌倉幕府の成立が文治元年（一一八五）ということを視野にいれると、戦乱の世には日々の生活の中に永遠不変なものを見出そうとする動きがおのずからはたらいてゆくのだ。そうしたながれが歌として作品のなかに託されてゆく。このことは「勅撰和歌集」に登場する歌人の大半が政治家であることも関連している。政治と文学あるいは文化の関係についてはなお考える余地はあるにしても、すくなくとも戦乱の世こそ文学に託される人の心情の機微が失われることなく、歌のなかで発揮されてゆく。それは宗教（仏教）の世界にも見出すことができ、法然が専修念仏を称えはじめたのは安元元年（一一七五）で、『⑥詞花』が久安六年（一一五〇）、『⑦千載』が文治四年（一一八八）だから、まさに仏教史の転換の時期に相当している。

「勅撰和歌集」は「勅撰」の名称のとおり、天皇を中心としたものであるから、おのずから歌の世界は朝廷や公家をふくむ貴族社会と深くかかわることになり、さらに寺家（僧侶）という存在が無視できなくなっていた。天台宗の僧たちが朝廷の中央にでてゆくこともさることながら、公卿たちばかりか皇族の人たちのなかにも、何かというと出家して法衣を着る身となる。出家とは政治の表舞台から離れてゆくことを意味している。右にのべた寂然法師のような僧が多数うまれていったのも、『千載』に釈教歌が独立して復活採取されるようになったのも、おなじ理由からであろう。歌の世界において仏教はもはや無視できぬ存在と化していく。仏教との接触なくしては存在しえない状況の現出といっても過言ではない。先にのべた歴史家・黒田俊雄は武家の発生と「顕密体制」とは期を一にしていると主張したが、それは歌の世界にもおおいに影響をおよぼしてゆくのである。

「勅撰和歌集」には多数の僧の名をみることができるが、はやく『①古今』に一〇名、『②後撰』には一二名、『③拾遺』に二〇名とつづき、部立に「釈教歌」がはじめて立てられた『④後拾遺』には五〇名を数え、以下、二十一代集すべてに僧の名をみることができる。僧抜きの歌集はもはやや存在することができなくなったわけで、『⑫続千載』に二〇六名、『⑭玉葉』に一一五名を数えることができるなどは、それを象徴していよう。「勅撰和歌集」に登場する歌人たちは皇族・公卿に加え、僧侶（寺家）という三者が中心となって歌集を成立させ、様相を深めてゆくことになるわけで、そのなかから専門的な歌人が芽生えてゆき、文学史を彩ることになる。のちに触れるが、丸谷才一は「勅撰和歌集」が宮廷文学史すなわち日本文学史というジャンルを成立させたといっている。俊成の編んだ『千載』は、その集大成として時代的なものを感じさせ象徴的である。俊成は日本文学史上、燦然たる輝きをみせる歌人だが、正三位までのぼったれっきとした公卿である。三人ほどの妻をもったが、初めの妻は歌人・藤原為忠の娘。また俊成自身の父も歌人だったが、彼の子供たちには法隆寺とか興福寺の別当になった人もいる。宮廷と歌と仏教の深い関係はこのようなところに象徴的に反映している。

先に引用した慈円は和歌を成仏の方便とし、歌道と仏法との融合を俎上にのせたが、これはひとり慈円ばかりではなく、そうした仏教を中心とした思想的背景が当時の一般的な流れとして支配した。ここに「勅撰和歌集」全体のひとつの特徴がある。

（七）僧侶の歌

右にのべたように「勅撰和歌集」全体にわたりおおくの僧が登場しているが、そのなかから行基・最澄など一〇名の歌を列挙しておこう。

行基（六六八〜七四九）

・法華経をわがえし事はたき木こりなつみ水くみつかへてぞえし（拾遺　一三四六）

なにはのみつ寺（御津寺）にて、あしのはのそよぐをきゝて

・あしそよぐしほぜの浪のいつまでかうきよの中にうかびわたらん（新古今　一九一九）

いこまの山のふもとにて、をはりとり侍りけるに

・のりの月ひさしくもがなとおもへどもさ夜ふけにけりひかりかくしつ（新勅撰　五七六）

天平廿一年、いこまの山のふもとにて、をはりとり侍りける遺戒歌

・かりそめのやどかる我ぞいま更に物な思ひそほとけとをなれ（続後撰　五八三）

山鳥のなくを聞て

・山鳥のほろほろとなくこゑきけばちちかとぞおもふ母かとぞおもふ（玉葉　二六二七）

最澄（七六七〜八二二）

比叡山中堂建立のとき

・阿耨多羅三藐三菩提のほとけたち我が立つ杣に冥加有らせたまへ（新古今　一九二〇）

法華経法師品

・こののりをただひとこともとくひとはとものほとけのつかひならずや（続古今　七四九）

法華経分別功徳品

・わかいのちながしとききてよろこべる人はかならずほとけとぞなる（続古今　七五〇）

比叡山の中堂に、はじて常灯ともしてかかげ給ひける時

・あきらけく後の仏のみよまでも光つたへよのりのともし火（新拾遺　一四五〇）

空海（七七四〜八三五）

土左国室戸といふところにて

・法性のむろとといへどわかすめばうゐの浪風よせぬ日ぞなき（新勅撰　五七四）

真如親王をとつれて侍ける返事に

・かくばかり達磨をしれる君なれば陀多謁多までぞいたるなりけり（続千載　九二八）

円仁（七九四〜八六四）

・おほかたにすぐる月日をながめしは我が身にとしのつもるなりけり（新古今　一五八七）

法華経薬草喩品のこゝろを

・くもしきてふるはるさめはわかねとも秋のかきねはおのがいろいろ（続古今　七五一）

円珍（八一四〜八九一）

・三界をひとつ心としりぬれば十の境こそ直に道なれ（新拾遺　一四五三）

入唐時歌

・のりのふねさしてゆく身ぞもろもろの神も仏もわれをみそなへ（新古今　一九二二）

空也（九〇三〜九七二）

市門にかきつけて侍ける

・ひとたびも南無阿弥陀仏といふ人の蓮の上にのぼらぬはなし（拾遺　一三四四）

　　蓮の露をよみ侍ける

・有漏の身は草葉にかかるつゆなるをやがてはちすにやどらさりけむ（新勅撰　五七五）

源信（九四二〜一〇一七）

　　法華経薬草喩品の心をよみ侍りける

・おほぞらの雨はわきてもそそかねどうるふ草木はおのがしなじな（千載　一二〇五）

・われだにもまづ極楽にむまれなばしるもしらぬもみなむかへてむ（新古今　一九二六）

　　五百弟子品の心を

・たまかけし衣のうらをかへしてぞおろかなりける心をばしる（新古今　一九七二）

　　廿八品歌よみ侍けるに、同品

・袖のうへの玉をなみだとおもひしはかけけむきみにそはぬなりけり（新勅撰　五八四）

　　五百弟子品

・くらきよりくらきになほやまよはまし衣のうらのたまなかりせば（続後撰　五九一）

　　是心是仏の心を

・よもすがらほとけのみちをもとむればわがこころにぞたづねいりぬる（続古今　七五四）

　　鐘のをとをきゝて

・あかつきのかねのこゑこそうれしけれながきうきよのあけぬと思へば（続古今　七五五）

人記品

・いにしへはおのがさまざまありしかとおなじ山にぞいまはいりぬる（続拾遺　一三五一）

月を見て

・うらやましいかなる空の月なれば心のままににしへゆくらん（続拾遺　一三九一）

人記品の心を

・さきの人なにかへだてんおなじ時みな仏にしならむとすれは（玉葉　二六五七）

法師品

・しづかにてのりとく人ぞたのもしきわれらみちびくつかひと思へば（玉葉　二六五八）

宝塔品を

・おほ空をてにとることはやすくとも法にあふべきをりやなからむ（玉葉　二六五九）

薬草喩品

・ひとときにそそぎし雨のうるひつつ三草二木も枝さしてけり（続千載　九四六）

薬草喩品

・おなじこと一味の雨のふりぬれば草木も人もほとけとぞなる（続後拾遺　一二八四）

方便品

・妙法のただひとつのみありけれは又二なしまたみつもなし（風雅　二〇四四）

法師品

・しづかなる所はやすくありぬべし心すまさんかたのなきかな（新千載　九〇七）
・夏衣ひとへに西をおもふかなうらなく弥陀をたのむ身なれば（新拾遺　一五〇〇）

法然（一一三三〜一二一二）

・しばの戸にあけくれかかる白雲をいつむらさきの色にみなさむ（玉葉　二六三五）
　　光明遍照十方世界といへる心を
・月影のいたらぬ里はなけれどもながむる人の心にぞすむ（続千載　九八一）
・わが心池水にこそにたりけれ濁りすむ事さだめなくして（続後拾遺　一三一五）
・むまれてはまづ思ひいでん故郷にちぎりし友のふかきこころを（新千載　八九〇）
　　釈教歌とてよみける
・われはただ仏にいつかあふひ草心のつまにかけぬまぞなき（新後拾遺　一四七四）

慈円（一一五五〜一二二五）

　　法華経二十八品歌よみ侍りけるに、方便品　唯有一乗法の心を
・いづくにも我がのりならぬ法やあると空ふく風にとへどこたへぬ（新古今　一九四二）
　　化城喩品　化作大城郭
・おもふなようき世中をいではててやどるおくにもやどはありけり（新古今　一九四三）
　　五百弟子品　内秘菩薩行のこゝろを
・いにしへのしかなく野辺のいほりにも心の月はくもらざりけむ（新古今　一九五一）

分別功徳品　或住不退地

・わしの山けふきく法の道ならでかへらぬやどに行人ぞなき（新古今　一九四四）

普門品　心念不空過

・おしなべてむなしき空と思ひしにふじさきぬればむらさきの雲（新古今　一九四五）

舎利報恩講といふことを行ひ侍りけるに　如来寿量品

・けふののりはわしの高ねに出し日のかくれてのちのひかりなりけり（新勅撰　五九四）

・ねがはくはしばしやみぢにやすらひてかかげやせまし法のともし火（新古今　一九三二）

・とくみのりきくの白露よるはおきてつとめて消えむことをぞおもふ（新古今　一九三三）

・極楽へまだ我が心ゆきつかずひつじのあゆみしばしとどまれ（新古今　一九三四）

十界歌よみ侍けるに

・さまざまにわくるかたちもまことにはひとつほとけのさとりなりけり（続後撰　六一五）

天王寺にまうでてよみ侍りける

・かへりいでて後のやみぢをてらさなむ心にやどる山のはの月（続後撰　六二一）

薬草喩品

・なには津に人のねがひをみつしほはにしをさしてぞ契りをきける（続後撰　六二九）

如是展転教　随喜功徳品

・いかにして宮このほかの草の庵にしばしもとまる身と成りにけん（続拾遺　一三四七）

・つたひゆく五十のすゑの山の井にみのりの水を汲みてしるかな（続拾遺　一三五九）

釈尊入滅

・いかにせんそのもち月ぞくもりぬるつるの林のよはのけぶりに（続拾遺　一三六三）

薬王品、広宣流布

・のりの花ちらぬやどこそなかりけれわしのたかねの山おろしの風（玉葉　二六七〇）

・法の門に心をいれて思ふかなただうき世をば出づべかりけり（続後拾遺　一二七四）

厭離穢土の歌五十首よみ侍ける中に

・うき世かなよしのの花にはるのかぜしぐるる空にありあけの月（風雅　二〇七九）

如来寿量品

・むかしよりわしのたかねにすむ月のいらぬにまよふ人ぞかなしき（風雅　二〇八一）

・般若台にをさめおきてし法花経もゆめどのよりぞうつつにはこし（風雅　二一〇二）

天王寺にまうでて、二諦の法文にて百首歌読侍りける中に

・とにかくにゆかばやと思ふ道に猶まどへばこそはとほざかるらめ（新千載　八二〇）

・いかにせむまことの道にいる身ぞと思ひいづれば又わすれつつ（新千載　八五六）

・山桜思ふあまりによにふれば花こそ人のいのちなりけれ（新後拾遺　六〇五）

序品、我見灯明仏

・ともし火の光をさしてこたへずは御法の花をたれか待ちみん（新続古今　八一九）

序品、照于東方の心を

・むかしをもさやかにぞみる出る日にむかふ光のくもりなければ（新続古今　八四二）

明恵（一一七三～一二三二）

なき人の手にものかきてと申ける人に、光明真言を書きてをくり侍とて

・かきつくるあとにひかりのかがやけばくらきみちにもやみははるらむ（新勅撰　六二四）

なにことかと申たりける人の返ことにつかはしける

・きよたきやせぜのいは波たかお山人もあらしの風ぞ身にしむ（新勅撰　六二五）

衣裏明珠の譬ひを思ひでてよみ侍ける

・夢の世のうつつなりせはいかがせんさめゆくほどをまてばこそあれ（新勅撰　六二六）

住房の西のたににいはほあり、定心石となづく、松あり、縄床樹と名づく、もとふたえだにして坐するにたよりあり、正月ゆきふる日、すこしひまあるほど座禅するに、松のあらしはげしくふきて、すみぞめのそでにあられのふりつもりて侍りけるを、つつみていしのうへをたつとて衣裏明珠のたとひをおもひいでてよみ侍りける

・まつのしたいわねのこけにすみぞめのそでのあられやかけししらたま（新勅撰　六二七）

山のはちかくかたぶく月を見て、禅堂にいるとてよみ侍りける

・山のはにわれもいりなむ月もいれ夜な夜なごとに又友にせん（続後撰　五八七）

・しるべなきわれをばやみにまよはせていづくに月のすみわたるらん（続後撰　六一九）

・めしひたる亀のうき木にあふなれやたまたまえたる法のはし舟（玉葉　二六三三）
・こぎゆかん波ぢの末をおもひやればうき世の外の岸にぞ有りける（玉葉　二六三四）
・をがみつるしるしやここにとどまらんかみをしきてし跡もきえねば（玉葉　二七一七）
・のりのこゑにききぞわかれぬながき夜のねぶりをさますあかつきのかね（玉葉　二七二六）

　　松風を宴坐の友とし、朗月を誦習の縁として読侍りける
・心月のすむに無明の雲はれて解脱の門に松風ぞ吹（新千載　八七四）
・ながき夜の夢をゆめぞとしる君やさめてまよへる人をたすけん（新続古今　八五二）

これら一〇名の僧の釈教歌についてみておくと、慈円の『⑧新古今』登載は生前の登載になるが、このような生前登載は慈円のみである。作品もさることながら天台座主に五度も登った当時の慈円の権勢を示すものだろう。慈円は別にして、『③拾遺』には行基と空也、『⑦千載』からは源信が、『新古今』からは最澄が、『⑨新勅撰』からは空海と明恵が、円仁・円珍は『新古今』から、『⑭玉葉』からは法然が登載されている。行基は天平感宝元年（七四九）に没しているから、没後二五六年目、空也は没後二三三年後の登載となる。最澄は没後三八三年目、空海は四〇〇年後、円仁・円珍はそれぞれ没後三四一年目と三一四年目となる。

このように慈円は別にして、右に列挙した僧たちの歌集への登載は没後にかぎられていることも「勅撰和歌集」の特色である。すなわち明恵などは没後三年目、空也は二三三年後と、比較的没年に近い年の登載であるのにたいして、最澄は三八三年後、空海は没後四〇〇年目とかなり古い

時代の登載である。そこにはどのような意図があるのだろうか。とくに『⑦千載』から急激に僧の数が増えていることは注目してよい。歌集に登載された僧たちは当時は一流の歌人として認められていたわけだが、それらの僧は今日においては存在すらもさだかでない人がおおい。来歴が不明であろうとも、そのような僧の歌が多数登載されるようになると、歌集としてひとつの権威づけとして著名な僧、たとえば数百年前に活躍した行基なり、また最澄なり空海なりの旧作を採取することによって歌集を権威あるものとして意味をもたせようとした意図が働いたものと考えてよかろう。あるいはそこには和歌が歴史を超越した存在であることを公言しようとした意図も看取されよう。それにしても三八三年前とか四〇〇年前といえば、今日、令和時代からみれば徳川家光の頃となる。そのような古い時代の僧の登載をしてまで権威づけをしたわけである。そういう意味では『③拾遺』に聖徳太子の歌が登載されていることはそれを象徴している。そこには「聖徳太子、高岡(ママ)山辺道人の家におはしけるに、餓たる人道のほとりに臥(こや)せり、太子の乗りたまへる馬とどまりてゆかず、鞭をあげて打ちたまへど、しり(尻)へしりそき(退き)てとどまる、太子すなはち馬より下りて、餓ゑたる人のもとに歩み進みたまひて、紫の袍(ほう)をぬぎて、餓ゑ人の上におほひたまふ、歌をよみてのたまはく」という前書のもと

・しなてるや片岡山に飯(いひ)にうゑて　ふせる旅人あはれ親なし（拾遺　一三五〇）

という歌が登載されている（「しなてるや」は「片」にかかる枕ことば）。これは『日本書紀』からの採取である。

僧のなかでもっともおおく登載されているのは慈円で二五首だが、慈円の歌は『新古今』全体においても九二首の入集だから、これは西行の九四首につぐ異例の登載。生前登載とあわせ、うべなるかな（なお西行の「勅撰和歌集」における釈教歌は九首あるが、かれは僧というより歌人と判断して、ここでは外した）。

慈円の歌の内容は『法華経』にかんする歌が一六首、極楽を詠ったものが二首、仏教的世界を詠ったものが七首数えられる。次におおく登載されているのは一七首の源信だが、はじめて登載されたのは没後一七一年目の『⑦千載』から。源信といえば『往生要集』の作者だが、その著作は寛和元年（九八五）だから、二〇三年後の歌集『千載』にはじめて歌が登載されたことになる。それ以後は『⑧新古今』『⑨新勅撰』『⑩続後撰』『⑪続古今』『⑫続拾遺』『⑭玉葉』など一一編に一七首登載された。また鎌倉新仏教を切り開いた法然の登載が没後一〇〇年目ということも注目してよい。法然は鎌倉新仏教の泰斗だが、もともと比叡山黒谷の聖だった。そこから専修念仏のおしえに到達したわけだが、そのためには叡山や南都など、当時の宗教界のみならず国家からも大いなる非難を受け流罪など弾圧を受けている。そのためかどうかは不明だが、法然在世のときより一念か多念か、信中心か行中心かなどの異義異論が逆巻いていた。その滅後には多念義を主張した弁長の勢力が優勢を保ち、その弟子良忠は宮中に招かれ宗要を講じることもあるなど、政治的にも勢力を伸ばしていた。歌集に法然の歌が没後一〇〇年目とはいえ登載されたのは、そのおしえが国家（朝廷）の認めるものとして評価された結果のものとおもわれる。没後一〇〇年目の登載がそれを裏書きしているだろう。それが『⑭玉葉』からということについて考えてみると、『玉葉』には行基や源信、慈円、それに明恵などもあがっているほか、『万葉集』の作者が多数採られているのみならず、没後四〇〇年近く経っている紀貫之なども採られていて（紀貫之の歌は巻頭を飾る）、この歌集を一段と権威づけている。『玉葉』は歌人同志のいざこざの末に編纂されたといういきさつがあり、革新性の色合いを濃くした歌集だから、法然の登載もこうしたところに起因しているものと考えてよいかもしれない。右のように歌集のなかに仏教や僧が深く関係していったのは、時代が歌の世界に仏教との強い相関関係を認めないわけにはゆかなくなったことを示している。つまるところ政治と仏教と和歌の一体化である。そこに「勅撰和歌集」の大きな特色がある。

これに関して丸谷才一著『日本文学史早わかり』（昭和五三年＝一九七八）は注目される。日本文学史を大胆に五期にわけて考察したものである。

第一期は八代集編纂時代以前より九世紀なかばまでで、『万葉集』、『懐風藻』、勅撰三漢詩集の時代。平安遷都後約五〇年のころまでで、「宮廷文化の準備期」と名づけられている。

第二期は八代集編纂時代で、九世紀なかばから一三世紀はじめまで。『古今集』から『新古今集』に至る八つの勅撰和歌集の時代で、菅原道真誕生のころから承久の乱のころまで。「宮廷文化の最盛期」と名づけられる。

第三期は一三代集時代編纂の一三世紀はじめから一五世紀なかばまでで、『新勅撰集』や『玉葉集』、『風雅集』など一三の勅撰和歌集が編纂された時代。さらに『菟玖波集』および『新撰菟玖波集』という二つの准勅撰連歌集もこの時代に編纂された。承久の乱ころから応仁の乱のころまでで、「宮廷文化の衰微期」と名づけられている。

第四期は七部集編纂の時代で、一五世紀末より二〇世紀はじめまで。芭蕉七部集や其角七部集、さらに蕪村七部集が編纂された時代。『誹風柳樽』、『萬載狂歌集』、『徳和歌後萬載集』、そして元号ごとの漢詩集が編纂された。応仁の乱のころから日露戦争の直後（自然主義の勃興）のあたりまでで、「宮廷文化の普及期」と名づけられた。

第五期は七部集時代以降で、二〇世紀はじめから現代まで。個人詩集、歌集の時代である。「宮廷文化の絶滅期」と名づけられた。

このように文学史を五期にわけたうえで、丸谷は「七部集時代と名づけた第四期がむやみに長いのは気になるけれど、しかしこれが日本文学史の実態なのだから仕方ない。をかしな手加減はしないことにする」とのべている。丸谷論は宮廷文化を中心にして文学史を考えたが、それに従えば「勅撰和歌集」は第二期と第三期の時代ということになる。この時代を丸谷は宮廷文化時代と呼ぶ。この時代はまた文学と政治と仏教が融合した時代だった。注目されるのは「第四期がむやみに長い」といいながら、この時代を「宮廷文化の普及期」と呼称していること。宮廷文化は第三期の「衰微期」で終焉をとげたのではなく、第四期を「普及期」としたのである。そして第五期の現代を「宮廷文化の絶滅期」とした。このようにみると、日本の文学は宮廷を中心として発展してきたということになろう。そして現代を「宮廷文化の絶滅期」という。丸谷は現代を文学と政治と仏教が裁断されたとした。

このような視点から「勅撰和歌集」をみたとき、以上るるのべてきたように、この時代はまさに文学と政治と仏教は密接な関係を保っていたことになる。しかも「勅撰和歌集」には西行や能因といった人たちの歌も登載されている。彼らは僧というより歌人として文学史上にその名をとどめているわけで、これら仏教歌人たちは、丸谷の分類による第四期、すなわちこれ以後の歌謡史、連歌や芭蕉などにも大きな影響を与えることになる。つまり芭蕉に影響をあたえた心敬は僧でありながら歌をよく詠み（というより心敬は歌人として名をなした）、そのながれが連歌の大成者、二條良基へとつながり、そこから俳諧連歌、そして俳句が誕生したという経緯をたどる。このように考えると、宮廷文化である「勅撰和歌集」における僧の活躍は、その後の歌の世界においてもきわめて重要な位置を占めているといわなければならない。そしてその終焉が令和時代ということになるのだが、いまは丸谷説からふたたび「勅撰和歌集」にもどり、そこからさらに仏教との関連を見つめてゆく。

（八）往生伝の人々と法華経

「勅撰和歌集」に登載されている仏教的な歌の大半は、すでにのべたように「心情」「憂世」「諸行無常」「七仏通戒偈」のほか論書などをテーマとするものがもっともおおいのだが、そんななかで仏教経典の名がしばしば登場する。それらは『涅槃経』『仁王経』『大日経』『最勝王経』『法華経』『華厳経』『般若経』『維摩経』『阿弥陀経』『無量寿経』『観無量寿経』『阿含経』『梵網経』『円覚経』『金剛経』等々である。それら経典の一句またはそれぞれの経巻の説く思想全体からヒントをえて歌が作られた。そこでこれら経典をテーマとした歌がどのように詠われたかを、それぞれ三首ずつあげておく。

○『無量寿経』など

あみだぶととなふるこゑに夢さめてにしへかたぶく月をみるかな（選子　金葉　六七一）

池水にすめるありあけの月をみて西の光をおもひやるかな（たけくまの尼　玉葉　二七一三）

秋かぜのみねのしら雲はらはずは在明のそらに月をみましや（藤原俊成女　続後撰　六〇九）

○『大日経』など

花の色露の光を尋ねてももとよりたかき月ぞやどれる（公恵　続後拾遺　一二九四）

うたがはでいまそたのめ偽りのなき世は法のまことなりとも（定顗　続後拾遺　一二九五）

夢の中になにはの事をみつれどもさむれは蘆の一夜なりけり（公朝　続後拾遺　一二九六）

○『般若経』など

くももなくなぎたるそらのあさみどりむなしき色もいまぞしりぬる
（皇嘉門院別当　続後撰　六〇八）

人の身も我が身もむなし空蝉のたがうき世とてねをばなくらん（実伊　続拾遺　一三六六）

むなしきをきはめをはりてそのうへによをつねなりとまたみつるかな
（京極為兼　玉葉　二七二二）

○『維摩経』
夢やゆめうつつや夢とわかぬかないかなるよにかさめんとすらん
（赤染衛門　新古今　一九七二）
風ふけばまづやぶれぬるくさのはによそふるからにそでぞつゆけき
（藤原公任　後拾遺　一一九一）
夕暮の空にたなびくうき雲はあはれわが身のはてにぞ有りける（小弁　玉葉　二六七五）

○『華厳経』
てる月の心の水にすみぬればやがてこの身にひかりをぞさす（教長　千載　一二一五）
すめばみゆにごればかくるさだめなきこのみや水にやどる月かげ
（藤原永範　千載　一二二四）
うへもなくたのむ日吉のかげなればたかき峰とやまづ照すらん（幸円　新後拾遺　一四九〇）

経典数では『無量寿経』など浄土系が八三首、『大日経』など密教系が三五首、『般若経』など般若系が二〇首、『維摩経』が一五首、『華厳経』が八首数えられる。そんななかで『法華経』は三六三首と他の経典に比して圧倒的におおい。これには「勅撰和歌集」に登場する僧の大半が天台宗とからむ法親王や公家とのつながりをもっていたことがおおいに関係しているだろう。井上

表二　勅撰和歌集における法華経

品名＼和歌集名	①古今	②後撰	③拾遺	④後拾遺	⑤金葉（Ⅱ）	⑥詞花	⑦千載	⑧新古今	⑨新勅撰	⑩続後撰	⑪続古今	⑫続拾遺	⑬新後撰	⑭玉葉	⑮続千載	⑯続後拾遺	⑰風雅	⑱新千載	⑲新拾遺	⑳新後拾遺	㉑新続古今	合計	梁塵秘抄
序品							1	2	1		1	2		3	2	1	1		1	1	3	19	5
方便品				1				2	3	1	3	3	1	2	2	2	1	1	3	1	2	28	9
譬喩品				1					1	1			1	1	2		2		2		1	12	6
信解品						1	2				1	2		1	1	1	3	2			1	15	2
薬草喩品							1		1		2	1		1	1	1	3					11	4
授記品							1						2	2	1							6	4
化城喩品			1	2				1		1			1						1	1		8	3
五百弟子品				2	2		1	2	2	1	2	3	3	3	2			7	1	2		33	4
授学人記品												1		4								5	4
法師品							1	1		1	1	1	2	2		1	2					12	7
見宝塔品											1	1		2						1		5	5
提婆達多品			1		3		2	1	1	1	1	1	1	1				1	1		1	16	15
勧持品							2	2		1				1					1			7	2
安楽行品						1			1	1			1	1	1		1	1			1	9	3
従地涌出品					1											1			1		2	5	2
如来寿量品				1		2	2	2	4	1	4	6	3	4	4		3	1	2		3	42	10
分別功徳品								1		3						1						5	3
随喜功徳品									1			1							1			3	4
法師功徳品																		1				1	3
常不軽菩薩					1								1	1	1						1	5	4
如来神力品							1			1	1		3									6	2
嘱累品										1										2		3	5
薬王菩薩品					1				1	1							1	1	1			6	4
妙音菩薩品															1	1	1			1	1	5	2
普門品				1			4	2	1				1	1	1		1	1	1	1		15	6
陀羅尼品							1		1								1					3	4
妙荘厳王品										1					1	2		1	1		2	8	4
普賢菩薩品							2		1				2						2			7	3
法華経全体			1	1			1				1		1	3			1	1	2		2	14	15
法華関連				4		1	7	6	5	5	4	1	1	3	3	1	3	4	1			49	
合計			3	13	8	5	29	22	24	21	22	23	24	36	23	12	24	22	22	10	20	363	144

光貞著『日本古代の国家と仏教』によると、摂関制成立の指標とみられる安和の変（九六九年）頃より仏教は摂関権力と癒着し、教団の世俗化を決定的なものとしていった。それが「勅撰和歌集」にも影響を与えたのだが、「勅撰和歌集」全体をみて『法華経』をテーマにしたものがこれほど多いことには筆者も驚いた。

『法華経』がどのように詠われたかは表二としてまとめ、それらの詳細を「法華七喩」として七〇ページ以降にあげたい。また表二の最終列に『梁塵秘抄』を参考として掲載したが、これについては六九ページ以降に多少ふれたい。

これらの仏教が天台宗と特定することは、当時の仏教界を展望すれば納得のゆくところだろう。最澄のひらいた比叡山は延暦七年（七八八）だが、天台宗は「円密禅戒」を説きながら、最澄没後は念仏と密教色の濃密な仏教として発展してゆく。ことに浄土教の発展という視点から叡山仏教をみたときは、円仁が招来した念仏の影響はおおきい。ここから念仏は朝廷の文人貴族のあいだに弘まりはじめ、世は末法思想とともに往生極楽を目指してゆこうとする人たちで占められていったのだが、そのように念仏が横行してゆくなかにあっても『法華経』の存在は無視できなかったのは『沙石集』に「法花念仏一具ノ法門ニテ、中アシカルマジキ、当世是非謗法悲ムベシ」とあるとおり念仏と法華は「一具ノ法門」とされながらも、経典としては『法華経』がもっとも強い支持を得ていた。それは天台宗がもともと根本的に『法華経』を所依の経典としていたことと関連する。この点については、後に『日本往生極楽記』（以下『極楽記』と略す）について考察するさい再考したい。

『法華経』を詠んだ歌が断トツにおおいのは、当時の天台宗は座主をはじめとしておおくの天台僧が朝廷のなかへ深くはいりきって、教団の世俗化を推進していたことなどによるが、歌数が法華系についでおおい浄土系や密教についても、天台宗を中心とした当時の仏教界の流れに沿うたものといえるだろう。これら歌の内容は、時を追うごとに仏教思想とのあいだに不二の関係をむすんでゆくが、ことに『②後撰』『③拾遺』から急激な変化を遂げている。それは何故か。『後撰』が天暦五年（九五一）、『拾遺』が寛弘二年（一〇〇五）の編纂ということを考えると、応和四年（九六四）に叡山内において開かれた勧学会がおおきな役割をはたしていると考えてよいのではないか。

勧学会は比叡山西麓の月林寺あるいはその近くにあった親林寺（廃寺）で開かれるようになったもので、主な参加者としては慶滋保胤・藤原在国・橘倚平・高階積善ら当時の一級歌人・詩人が比叡山僧とともにはじめたものである。後に・漢詩人大江以言らも参加して二〇年ほどつづく（第一期）。『三宝絵詞』に次のようにある。

> 十四日（九月）の夕に僧は山より下りて麓に集まり、俗は月に乗りて寺に行く。道のあひだに声を同くして居易の作れる「百千万劫の菩提の種、八十三年の功徳の林」といふ偈の中の「志求仏道者、無量千万億。咸以恭敬心、皆来至仏所」と云ふ偈を誦して待ち迎ふ。十五日の朝には法華経を講じ、夕には弥陀を念じて、その後には暁に至るまで詩（漢詩）を作りて仏を讃め、法を讃めたてまつりて、その詩は寺に置く。

勧学会はこのように、開催日前日の一四日夕方に比叡山の僧が下山して会場となる寺院を訪問、参加者は詩句や経文を誦しながら僧の来訪を待つ。そして初日の一五日は朝からは『法華経』の講読、夕方には弥陀を念じ、夜は仏教の功徳を称える漢詩を作成、その後、俗のほうは白居易の詩を、僧のほうは『法華経』を朗読して夜を明かし、翌一六日朝に解散するというものだった。

ここで指摘できることは、文学のなかに『法華経』・弥陀念仏・密教という仏教思想が一つの世界観のなかに並立していたことである。その他にも勧学会が僧だけのものでなく、俗の人とともに行われたということ。さらにはその俗のメンバーには漢詩人などが参加していたことなどがあげられる。仏教（法華・念仏・密教）と詩（漢詩）の一体化の世界がここには存在していたのである。

当時はそのような環境にあったので、慶滋保胤の編集した『極楽記』に登載されている、いわゆる往生人の行業には、念仏を称えながら『法華経』の書写供養をしたり読誦したりしている人がおおく見出せる。そこにおいて特徴的なのは極楽往生へのキップは『法華経』が握っていたということである。

保胤についてみておくと、かれの編集にかかる『極楽記』成立の二五年後の漢詩集『和漢朗詠集』（五九八番）に保胤の詩が登載されている。「凍(こほり)を叩いて負ひ来る寒谷の月　霜を払ひて拾ひ尽す暮山の雲」というものである。この詩には注記があって、その注記の句（「採菓汲水詩」）は「法華経（提婆達多品）」のなかの一句。保胤が日常的に念仏を称えながら『法華経』を読んでいたことを示すものである。また『本朝文粋（巻一二）』には、文学作品として有名な『池亭記』が掲載されているが、そこには「弥陀を念じ、法華を読む」とあり、おなじく『本朝文粋（巻一〇）』の「詩序」には、自ら先頭にたって開いた「勧学会」の説明文に次のようにのべている。

台山の禅侶二十口、翰林の書生二十人、共に仏事を作して、勧学会と曰ふ〈中略〉一切衆生をして、諸仏知見に入れしむるに、法華経より先なるはなし。故に起心合掌して、其の句偈を講ず。無量罪障を滅して、極楽世界に生まれしむるに、弥陀より勝れるはなし。故に口を開き声を掲げて、其の名号を唱ふ。

保胤はこのように勧学会の趣旨を「極楽世界に生まれ」ることを目的とし、その方法として「法華経より先なるはなし」というところに置いていた。今日的な視点でみたときには、これは雑多な信仰態度とおもわれようが、法華・念仏・密教の併修という雑多性は保胤にかぎられることはないもので、むしろ当時の一般的な状況であった。保胤はまた『極楽記』を編した年をさかのぼること八年前の、貞元二年（九七七）の「歌合」（三条左大臣頼忠前裁歌合）に三首詠っている。

・やまのはもこたみばかりはわすられて　みづのおもながらありあけのつき
・きしちかくほりうゝるはなのいろにいでて　なみのこゝろにあきをみするか
・くさむらに千よまつむしのなくこゑに　こゑふきそふるあきのよのかぜ

勧学会を開いた保胤が、歌合にも顔をみせていたことは、文学（歌）作品のなかに仏教（法華経）をとりいれていたのが僧ばかりではなかったことを示している。その集大成ともいうべきものが、『極楽記』ということになろう。保胤についてはさらに後にも触れるが、晩年には『法華経』を心の支えにするようになる。

ともかくも保胤の『極楽記』を先蹤として『続本朝往生伝』『本朝神仙伝』『拾遺往生伝』『後拾遺往生伝』『三外往生記』『本朝新修往生伝』という七往生伝が編集されつづけられた。これら往生伝に登載されているのは当時の仏教者、とりわけ聖（ひじり）といわれたような人々の往生のナマの姿であるわけで、これらによって当時の仏教者の実体が鮮明になる。ここではそれらのなかから、『極楽記』と大江匡房の編集にかかる『続本朝往生伝』、さらに鎮源の編集にかかる『大日本国法華経験記』より往生者を何人か列記しておく（史料は岩波書店版「日本思想大系」本による）。

◎『日本往生極楽記』より

延暦寺の座主僧正延昌は、加賀国の人なり。〈中略〉毎月の十五日、諸の僧を招延して、弥陀の讃を唱へ、兼て浄土の因縁、法花の奥義を対論せしむ。〈中略〉もし極楽に生れむと欲はば、一切の衆生のために、法花百部を書写せよといへり。僧正衣鉢を捨てて書写供養す。〈以下略〉

大日寺の僧広道は、俗名橘氏、数十年来（このかた）専らに極楽を楽ひて、世事を事ら（つかまつ）ざりき。〈中略〉昼は法花経を読み、夜は弥陀仏を念じて、偏に慈母の極楽に往生せむことを祈る。〈以下略〉

宮内卿従四位下高階真人良臣（まひとよしおみ）は、〈中略〉深く仏法に帰依し、日に法花経を読み、弥陀仏を念じたり。〈以下略〉

伊予国越智郡の土人越智益躬（ますみ）は、当州の主簿（郡の長官）たり。少きときより老に及るまで、勤王して倦まず。法に帰依すること弥劇し。朝は法花を読み、昼は国務に従ひ、夜は弥陀を念じて、もて恒のこととなせり。〈以下略〉なお「土人」とは、その土地を本貫とするもの。

◎『続本朝往生伝』より

沙門寛印は、もと延暦寺楞厳院の高歳なり。深く法味を悟りて、旁く（あまねく）経論に達せり。〈中略〉一生の間、ただ懺悔を修し、毎夜に必ず法花経一部を誦せり。聖教を被閲すること、老に至るまで倦まず。最後臨終に、身心乱れず、手に香炉を捧げ、念仏懈らず（おこたらず）、西に向ひて気絶えぬ。

阿闍梨成尋は、もと天台宗の人にして、智証大師の門跡なり。〈中略〉暮年に心を菩提に帰して、ただ法花経を行ぜり。〈中略〉死に先だつこと七日、自ら命の尽きむことを知りて、衆を集めて念仏せり。日時違はずして、西に向ひて逝去せり。〈以下略〉

沙門高明は、もと播磨国書写山の性空上人の弟子なり。後に太宰府の大山寺に住せり。三衣一鉢の外に、さらに余資なく、念仏読経、これをもて業となす。或は博多の橋を造り、或は六角堂を建立し、清水寺において、如法に法花経を書せり。〈中略〉臨終の剋、正念に安住して、一心に念仏し、西に向ひて遷化せり。〈以下略〉

◎『大日本国法華経験記』より

薩摩国に一人の沙門あり。その名を知らず。出家して已後、法華を読誦し、三時に常に法華懺法を修せり。〈中略〉身を焼くの時に臨みて、誓願を立てて云はく、我千部の経に依りて、

当に極楽世界に生るべし。〈以下略〉
沙門好延は、俗塵を遁れて仏の道に入り、愛宕山に登りて、法華経を読み習へり。〈中略〉老後に至りて、弥（いよいよ）その志を励まして、読誦常に倍（ま）す。また法華懺法を修し、弥陀念仏を勤む。〈以下略〉
沙門境妙は、近江国の人なり。少き年に叡山の横川に攀ぢ上りて、師長に奉仕（ぶし）し、経文を読み習へり。〈中略〉境妙が最後の病なり、決定して死去すべしといへり。身体を沐浴して、浄き衣裳を着て、五色の糸をもて、弥陀仏の手に着けて、その糸をもて我が手に把り、西方に向ひて坐せり。
筑前入道沙弥乗蓮は、伊予前司高階真人明準の第一の男なり。〈中略〉毎日（ひごと）に供養するところは、仏一体、法華経一部、阿弥陀経等なり。〈以下略〉
越中前司藤原仲遠は、天性の催すところ、心に悪を好まず。〈中略〉一寸の暇を惜みて、法華経を読誦し、茱萸の陰を観じて、弥陀仏を弥念す。手に経巻を執りて、車馬に乗りて行き、口に妙法を唱へて、世路を走る。〈中略〉一生に読みたるところの法華経万部にして、念仏はその数を知らず。〈以下略〉

これらはごく一部の採取だが、彼らの信仰はようするに極楽（往生）を志向するところに目的を置きながら、そのための修行として『法華経』の読誦や写経を必要とした。これは先に慶滋保胤の行業にみたとおり。そうした傾向は『極楽記』をはじめとして七編の往生伝すべてに通じるが、逆に法華経の霊験譚を集めた『大日本国法華経験記』（以下『法華験記』と略す）にもそれが指摘できる。つまり法華経の修行によって極楽往生が達せられるというのが往生伝に登場する人たちの共通した行業であった。このあたり、じつは法華と念仏と密教だけではなく、詳細に調べてみると、①法華経そのものの信仰　②法華経の読誦写経　③持経者の難行苦行と三昧発得　④法華と念仏　⑤法華と真言　⑥念仏と真言　⑦念仏　⑧観想的念仏　⑨称名的念仏　⑩念仏と観音信仰　⑪禅定または坐禅　⑫現報思想　⑬輪廻転生譚　⑭観音信仰などがあげられる。これら一つひとつの例証をあげるのは繁雑になるので、ここでは略すが、往生者たちが信仰の対象とした「極楽」とはどのような世界なのかという点に触れておく必要があろう。

「極楽」という世界が『無量寿経』『観無量寿経』『阿弥陀経』等の浄土経典にでてくることはいうまでもない。日本においては『霊異記』の末尾に「西方の安楽国に生れむことを」とあることが注目される。これは作者が目指そうとしていた世界は極楽世界であることを示唆している。『霊異記』全体は上巻三五話、中巻四二話、下巻三九話の計一一六話の構成だが、そのなかで極楽についての記載のあるのは上五・二一・三〇・三三・中二・下三〇の六話にあり、このうち上五は単に「あの世」の代名詞として使われている。上三〇には「北方無量浄土」にたいしての「西方無量寿浄土」という表現もある。それまでの時代、日本においては「あの世」は「黄泉」と使われていたが、仏教が伝播してからはあの世といえばそれは極楽という意識をもつようになったのは、浄土経典類の影響によるもので、聖徳太子以来のことになる（あの世の呼称については聖徳太子に「天寿国」との表現があるが、これは阿弥陀の極楽浄土とも弥勒の兜率天ともいわれている)。とはいえ『霊異記』上三〇には「極楽」とあわせ「黄泉」の表現もあり、この時代、両者はなお未分化の状態にあったことがしられる。というより「あの世」は「極楽」であっても「黄泉」であってもどちらでもよいといった曖昧さをもっていたようである。この時代、「あの世」という語彙にそれほどの限定度はなかったといえばよい。このことはさらに『霊異記』においては、念仏と法華とは別のものという認識もなかった。すべて釈迦の説いた法という認識だから、区別のしようがなかったというべきだろう。しいていえば、法華は現世、極楽(浄土)は来世という認識である。仏教はそうした多神教的な信仰として古代人のなかに根ざしていた。

それをもっともよく示すのが空也である。空也は「念仏聖」「阿弥陀聖」「市上人」とよばれ、日本浄土教の始祖とあおがれているが、その生涯は『法華経』読誦をもっとも重視していた(「空也誄(るい)」)。また六波羅蜜寺において東西両京の男女が雲集するなか、毎日『法華経』を講じ、同時に毎夜念仏三昧をおこなっていたと『本朝文粋』に記載されている。法華と念仏が一つの仏教世界のなかで、何の違和感もなくひとしく信仰されていた。そのながれを『極楽記』は継承した。

要するに『霊異記』以来『極楽記』に到るまで、極楽は死後の世界と認識されていたわけで、『万葉集』においては、「黄泉」と表現されている(第九巻一八〇四の田辺福麻呂の歌に「葦原の瑞穂の国に家無みやまた還り来ぬ遠つ国黄泉の界にはふ蔦の各が向向点雲の別れし行けば闇夜なする」とある)ものが、『霊異記』以来、極楽は「あの世」の代名詞として捉えられるようになった。そしてその極楽への切符は『法華経』が握っていたというのが往生伝に登場する人たち大半の信仰であった。ここにあげた往生者たちの資料からそれは知られるわけだが、もっとも特徴的なのは空也のほかにには行基をあげてもよい。行基は法相宗の道昭を師として出家したので、『法華経』に直接関与したかどうかはわからないものの、慶滋保胤は『極楽記』の往生伝のなかで聖徳太子につぐ二番目にあげているほか、「法華経をわかえしことはたきゝこり　なつみ水くみつかへてそえし（法華経をわか得し事はたき木こり　菜つみ水くみ仕へてぞ得し）と「法華経提婆達多品」を下書きにした歌を詠っている。行基も空也も「勅撰和歌集」に歌が登載されていることは先にあげたとおりである。なお空也には「有漏の身は草葉にかゝる露なるを　やかてはちすにやとらさり剣（有漏の身は草葉にかゝる露なるを　やがてはちすに宿らざりけむ）」という歌があるが、これは「法華経薬草喩品」を念頭においた歌。

行基や空也をはじめとして、往生伝に登場する人たちは極楽往きのキップとして『法華経』を受持し書写し読誦していた。このことは先にもいうように、勧学会の存在が大きいだろう。この流れは勧学会のあとを受けて発足した二十五三昧会へと継承されてゆく。二十五三昧会は寛和二年（九八六）に比叡山内横川の首楞厳院でひらかれるようになったもので、中心人物としては慶滋保胤を中心とした勧学会のメンバーのほかに、新たに源信が加わったことが注目される。二十五三昧会も念仏結社といわれながら、そこでもっともおおく引用されているのは『法華経』で、ここでも『法華経』は極楽往きのキップとして貴重な役割を果たす経典認識は何ら変わらない。そうした仏教界の流れが、そのまま「勅撰和歌集」の歌人たちに影響を与えた。

このように歌人たちのおおくが『法華経』をテーマとして詠いあげているが、なかには『法華経』が、他の経典と同時に詠まれてもいる。そこでは、①「他経の供養に『法華経』が詠まれたもの」、②「同一人物が『法華経』を詠みながら他経も詠んだもの」があるので、それぞれ例歌をあげておく。

①他経の供養に『法華経』が詠まれたもの

『華厳経』供養せさせ給けるに、法華経（五百弟子人記品）よみ侍ける

・さきかたきみのりのはなにおくつゆややがてころものたまとなるらん

（康資王母　後拾遺　一一八六）

舎利講のついでに、願成仏道の心を人々によませ侍けるによみ侍ける（安楽行品）

・よそになどほとけのみちをたづぬらんわが心こそしるべなりけれ（藤原忠道　詞花　四一三）

舎利報恩講といふを行ひ侍りけるに（如来寿量品）

・けふののりはわしの高ねにいでし日のかくれてのちのひかりなりけり

（慈円　新勅撰　五九四）

②同一人物が『法華経』を詠みながら他経も詠んだもの

○赤染衛門　『法華経』の他には『維摩経』、『涅槃経』

五百弟子品

・ころもなるたまどもかけてしらざりきゑひさめてこそうれしかりけれ（後拾遺　一一九四）

維摩経十喩中に此妙法如夢といへるこゝろを

・夢やゆめうつつや夢とわかぬかないかなるよにかさめむとすらむ（新古今　一九七二）

涅槃経説くを聞きて

・今はとてときける法のかなしきはけふわかれぬる心ちこそすれ（新後拾遺　一五〇三）

○藤原公任　『法華経』の他には『維摩経』

普門品

・よをすくふうちにはたれかいらざらんあまねきかどは人しささねば（後拾遺　一一九八）

此身如夢（維摩経）

・つねならぬわがみはゆめのおなじくはうからぬことをみるよしもがな（続古今　七五三）

○伊勢　『法華経』の他には阿弥陀

三界唯一心

・ちるはなもおしまばとまれよのなかは心のほかの物とやはきく（後拾遺　一一九一）

阿弥陀を詠む

・けふはいとど涙にくれぬ西の山おもひ入日の影をながめて（新古今　一九七五）

○崇徳天皇　『法華経』の他には『華厳経』

百首歌めしける時、普門品弘誓深如海の心をよませ給ひける

・ちかひをばちひろのうみにたとふなり露もたのまばかずにいりなん（千載　一二一六）
先照高山（『華厳経』）
・朝日さすみねのつづきはめぐめどもまたしもふかし谷のかげ草（新古今　一九四七）
乃至以身、而作床座（提婆達多品）
・いにしへはしく人もなくならひきてさゆる霜夜のゆかとなりけん（続後撰　五九三）
安楽行品、於無量国中乃至名字不可得聞といふことを
・名をだにもきかぬみのりをたもつまでいかでちぎりをむすびおきけん（続古今　七七四）
薬草喩品の心をよませ給うける
・さまざまに千々の草木のたねはあれとひとつ雨にそめくみそめぬる（玉葉　二六四九）
勧持品をよませ給うける
・大空にわかぬひかりをあま雲のしばしへだつと思ひけるかな（玉葉　二六六四）
おなし品の心をよませ給うける（如来寿量品）
・月かげのいるさへひとのためなればひかりみねどもたのまざらめや（玉葉　二六六七）
○顕昭（阿闍梨・法橋律師に相当する僧位）『法華経』の他には極楽
如来寿量品
・わしの山いかにすみける月なればいりてののちもよをてらすらん（続古今　七七六）
提婆品をよめる

・谷水をむすべばうつるかげのみやちとせせをおくる友となりけん（千載　一二三九）

月によせて極楽をねかふといふ事を、人のよませ侍りけるに

・ややまてかたぶく月にことづてんわれも西にはいそぐ心あり（玉葉　一六九七）

○藤原俊成　『法華経』の他には極楽

美福門院に、極楽六時讃のゐにかゝるべき歌たてまつるべきよし侍りけるに、よみ侍りける時に、大衆法を聞きて、いよいよ歓喜瞻仰せん

・今ぞこれ入日をみても思ひこし弥陀のみくにのゆふぐれのそら（新古今　一九六八）

暁いたりて浪のこゑ金の岸によするほと

・いにしへの尾上の鐘ににたるかな岸うつ浪のあかつきのこゑ（新古今　一九六九）

以上のようで、「勅撰和歌集」には他の経典を歌として詠むときにも『法華経』がからんでいた。歌と仏教とは不即不離の関係において成り立っていたが、そこに介在したのが『法華経』であった。逆に念仏信仰を抱きながら『法華経』も読誦されていた。こうした傾向は僧侶だけではなかったが、それらのなかの代表的人物として藤原道長の信仰をみておきたい。道長が弥陀信仰に基づいて建立した法成寺（無量寿院）は阿弥陀如来を本尊とする壮大な寺院だったが、これは道長の弥陀信仰と権勢を伝えたものにほかならない。かれは「この世をばわが世とぞおもふ望月の欠けたる事もなしとおもへば」と栄耀栄華を謳歌した歌を残したが、その臨終にさいしては「御手には弥陀如来の御手の糸をひかへさせ給て」と『栄華物語』に描かれているように、阿弥陀如来と

自分の手を糸で結んで亡くなった。ところが『御堂関白記』にはかれが法華八講を朝夕二座つとめていたこと、四日間で説かれる法華八講をはじめ一〇講、同三〇講などを自邸に僧を招いて頻繁に行っていた。そうしたこともあって「勅撰和歌集」には次のような法華経歌を詠っている。

　人々に同廿八品の歌よませ侍りける時、勧持品

うへもなきみちをもとむる心にはいのちも身をもをしむものかは（続後撰　五九五）

　寿量品

人めには世のうき雲にかくろへて猶すみわたる山のはの月（続後撰　五九六）

　法華経二十八品歌、人々によませはべりけるに、提婆品のこゝろを

わたつ海のそこよりきつるほどもなくこの身ながらに身をぞきはむる（新古今　一九二八）

　五百弟子品

きてつぐるひとなかりせば衣手にかくるたまをもしらずやあらまし（新勅撰　五八三）

　授記品の心を

たねくちて仏の道にきらはれし人をもすてぬのりとこそきけ（玉葉　二六五〇）

　宇治にまかりて、河の魚のためとて八講をこなひ経供養しなとし侍て

宇治川の底にしづめるいろくづをあみならねどもすくひつるかな（玉葉　二七一二）

道長をはじめとして「勅撰和歌集」に登場する歌人たちは『法華経』を教養のひとつとして、信仰として、さらに人生訓としても重要な経典として尊重していた。表二の「勅撰和歌集におけ

る法華経」の項にあげたものには「講」（法華八講など）「天台大師」「摩訶止観」「二乗成仏」「如法経」「法華懺法」「千部法花経」等々を前書きにした歌があることがそれを象徴しているだろう。かれらにとって仏教は日常茶飯のものだった。道長については『御堂関白記』に目をとおすと、『法華文句』や『法華玄義』を読んでいたし、『四教義』の講苑にも参加するなど、専門的に『法華経』や天台教学に親しんでいた。

（九）源信について

そうした流れのなかで、もっとも注目されるのは源信である。その著『往生要集』は輪廻する六道の迷いを捨て、阿弥陀仏の極楽浄土に生れることを勧めたもので、浄土に生れるには何がもっとも重要であるかを、体系的組織的に論述した教学書である。全体は一〇門に分類され、地獄の描写はすごみをもって読者の身にせまるが、本書の中心は極楽往生を説くところにあるのは「往生の業は念仏を本と為す」とあることによっても諒解されよう。本書が与えた影響は大きく、はやくも当時の仏教界においてもベストセラーとなり、念仏結社はこの書によって結成されてゆく。仏教界に波紋をなげかけたばかりではなく、文学や美術の世界においても顕著な影響を与え、極楽浄土の荘厳と六道輪廻の叙述は平安・鎌倉時代のみならず、現代においてさえ無視できない存在となっている。

この書がどうして誕生したのかという点について、速水侑著「往生伝」（岩波講座『日本文学と

仏教　第三巻』所収）には、「『往生要集』と『極楽記』は、勧学会を介しての源信と慶滋保胤の交友の深まりを背景に、ほぼ平行して撰述作業が行われ、保胤は海彼（中国）の往生伝を紹介してくれた源信に『極楽記』の初稿本を完成とともに送り、源信もまた完成間近な『往生要集』で、『浄土伝』に比すべきわが国の往生伝として、これを推賞したのである」とある。源信と慶滋保胤とは強い交友関係で結ばれていて、そこから『極楽記』も『往生要集』も誕生したというのである。じつは保胤はのちに出家するのだが、そのとき源信を仏教の師とあおいだ。そして出家後、晩年になる寛和二年（九八六）の『本朝文粋（巻一三）』に「今は老いし沙弥、風月の賽（お礼まいり）を営まむに便無し。此の一乗の教、香花の筵を展ぶに心あり」と、天台の徒として一乗の教（『法華経』）に心を寄せるようになったと告白している。子弟の関係にあった源信と保胤は、源信の信仰から『極楽記』が誕生し、保胤の文学の影響のもと『往生要集』が誕生したことになるのだが、最終的には保胤は心を『法華経』に向けたといえるだろう。

　では源信はどうか。

『往生要集』は源信四四歳の寛和元年（九八五）の著作。その成立の翌年、源信はこの書を中国天台山に贈った。このとき中国において結縁した男女五〇〇余名が随喜し、五〇間の廊屋を造立して国清寺に寄進し、礼拝讃嘆したとある。このことは『往生要集』の結末に、源信の手紙に併せて「返報」が載せてある。そのなかに「当今、極楽界を剋念し、法華経に帰依する者、熾盛なり」とあり、『往生要集』が極楽ばかりでなく法華経とも関係しているとのべている。『極楽記』

に念仏を説いた保胤が「弥陀を念じ、法華を読む」と記したことは先にのべたが、『往生要集』においても極楽往生を説いた源信が保胤と同じような発言をしている。法華と念仏の同居という点にかぎれば『極楽記』と『往生要集』はともに『霊異記』の世界を継承しているといわなければならない。はたして源信の本心はどこにあったのだろうか。その鍵をにぎっているのがじつは「勅撰和歌集」である。

　さきに掲載したように源信の歌は「勅撰和歌集」に一七首登載されている（三四ページ）。このうち三首が念仏を詠ったもので、一三首は『法華経』讃嘆の歌である（あとの一首は一般的な仏教思想）。極楽往生を勧奨する著作をなした源信が、和歌においては『法華経』歌をもっともおおく詠った。源信一七首をあらためて読んでみると、念仏三首は第二首の「極楽」の歌と九首目の「月を見て」の歌、それに最後の歌である。法華を詠った一三首のうち、薬草喩品ならびに五百弟子受記品を詠ったものがそれぞれ三首、方便品・授学無学人記品・法師品を詠ったものがそれぞれ二首、見宝塔品が一首ということになる。これらのなかで『風雅』に登載されている「妙法のただひとつのみありければ又二なしまたみつもなし」は、法華一仏乗を称揚したもので、ここに天台宗の僧徒としての本心があったものと考えられる。このことはさらに『一乗要決』をみると鮮明になる。

　『往生要集』を著わした源信は、晩年に天台宗の僧徒として『一乗要決』を著わした。この書は法相宗の五性各別説を破斥し、法華の一乗真実の思想を強調した教学書。法相宗は三乗真実と説き、五性各別を主張するが、源信はこの説に反駁して『一乗要決』を著した。法相宗と天台宗の間で論争となった一乗三乗の問題は、三一権実仏性論争といわれているもので、もともとインドにおいて行われていた。それが中国においても盛んに論議され、日本においても展開した。日本では特に奈良仏教と対峙した最澄が法相宗の徳一との間で「三一論争」をしたことで有名だが、結着がつけられないまま最澄は没した。この問題を源信は『一乗要決』にこと細かく論証し、「三一論争」に終止符を打ったのである。結論的にいえば、源信は天台教学に基づく「一切衆生悉有仏性」の義を明らかにしたわけである。その『一乗要決』巻頭序文は

諸乗の権実は古来の諍なり。倶に経論に拠り、互いに是非を執す。余、寛弘丙午の歳冬十月、病中に嘆て曰く、仏法に遇ふと雖も、仏意を了せず、若し終に手を空しうせば、後悔何ぞ追はん。爰に経論の文義、賢哲の章疏、或は人をして尋ねしめ、或は自ら思択す。全く自宗他宗の偏党を捨て、専ら権智実智の深奥を探るに、遂に一乗は真実之理、五乗は方便之説を得。大文第一「法華によって一乗を立てる」大文第二「余教の二乗作仏の文を引く」大文第三「無余界の廻心を弁ずる」大文第四「一切衆生有性成仏の文を引く」大文第五「定性二乗の永滅の計を破す」大文第六「無性有情の執を遮（しゃ）す」大文第七「仏性の差別を弁ずる」大文第八「教えの権実を弁じて、まず法華の実教を明かし、次に深密の了義教を論じ、次に余経の一乗を弁じ……」

源信はこのように、法華の一乗たる常住仏性をもって究竟真実の教えであることを明らかにし

た。『一乗要決』の結文には「法華は一乗を実と為し、二乗を権と為す」「一切の成仏不成仏の論、所有の罪福も理亦しかるべし。何に況や教理明かならんや。又平等大慧は是れ諸仏の本懐、常住仏性は即ち双林之遺言なり。豈に究竟真実にあらずや。以て、本懐となし、遺言となしたまふ」としめくくった。源信の内心、本音はどこまでも天台宗の徒としての自覚があったことは、この結文に「遺言となしたまふ」としたところに明らかだろう。そうした自覚にもとづく源信の心根が和歌という作品に投影して、「勅撰和歌集」のなかで詠われた歌一七首のなかに結果したものとおもわれる。それを代表するような歌が、先に引いた一七首のうち一五首目にある『風雅』に登載された歌ということになろう。

(一〇)『発心和歌集』・『梁塵秘抄』・『山家集』

以上のべたように、「勅撰和歌集」に登載された和歌は当時の仏教界なり仏教思想と表裏一体の深い関係のなかから生まれでたものだった。歌の内容についても、仏教的なものにかぎれば、五〇〇年という間にわたり大きな変化を認めることはできない。『法華経』と浄土経典などでは経典間の齟齬が明確であるのに、歌人たちはそこに何ら違和感を感じることはなかった。そこには仏教はどこまでも釈迦の法という大きな次元にたっていた。法華も念仏も仏教という大きな器のなかで共生していたのである。仏教界において法華と念仏が対立するようになるのは法然が専修念仏を説いて聖道門と浄土門を立てて以来のことになる。

「勅撰和歌集」の編纂された五〇〇年という時代のなかで、「勅撰和歌集」と平行して編まれた歌集についても触れておかねばなるまい。この間に編まれた歌集として注目されるのは『発心和歌集』(寛弘九年=一〇一二)、『梁塵秘抄』(承安元年=一一七一にほぼ完成)、『山家集』(治承年間=一一八〇頃成立か)の三和歌集である。『発心和歌集』は村上天皇皇女選子(せんし)内親王の、『梁塵秘抄』は後白河法皇の、そして『山家集』は西行の歌集であることはいうまでもない。これらの歌集には『華厳経』や『阿弥陀経』なども詠まれているが、ここでも『法華経』がもっともおおい。三集ともに『法華経』全品にわたって歌が詠まれている。

このうち『梁塵秘抄』における歌は二二三首を数えるが、『法華経』は表二に示したように一四四首あり、その他の歌としては僧歌は二三、仏教全体の歌は九、浄土的な歌は九、真言宗、般若経、罪障歌、薬師如来を詠ったものが各四、文殊如来が三、その他が二九である。そんななかで「法華と密教」を詠った歌が一首ある。

・仏は様々に在せども実は一仏なりとかや　薬師も弥陀も釈迦弥勒もさながら大日とこそ聞け

また「法華と浄土」を詠った歌が三首ある。

・弥陀の誓ひぞ頼もしき十悪五逆の人なれど　一度御名を称ふれば来迎引接疑はず
・十方仏土の中には西方をこそは望むなれ　九品蓮台の間には下品なりとも足んぬべし
・浄土は数多あんなれど弥陀の浄土ぞ勝れたる　九品なんなれば下品下にてもありぬべし

さらに「法華経によって極楽往生ができる」として詠った歌が二首ある。

・四大声聞次々に数多の仏に会ひ会ひて　八十瑞相備へてぞ浄土の蓮に上るべき

・女の殊に持たむは薬王品に如くは無し　如説修行年経れば往生極楽疑はず

後白河法皇の最後に提示した歌は、『法華経』の「薬王品」から、「女の珠に持たむは薬王品に如くは無し　如説修行年経れば往生極楽疑はず」と「極楽往生」が『法華経』によって達成されると詠んだもの。約二百年前の勧学会や二十五三昧会における状態そのままが、後白河法皇へとつづいていた。

また『山家集』は全体で一五五二首（『日本古典文学大系』二九巻）を数えるが、このうち法華経関係は二四首、念仏関係は二首。ほかに「法花経二十八品」全品にわたった内容を歌として仕上げたものがある。西行といえば高野山あるいは念仏をおもいうかべがちだが、こと歌に関しては法華経の歌が多数を占めている。また選子内親王の『発心和歌集』には『阿弥陀経』や『華厳経』を詠ったものもあるが、『法華経』は全品にわたって詠まれている。西行も選子も例歌をあげると繁雑になるので、ここでは略す。西行については岩波書店「日本古典文学大系」のほか数種にわたり、選子については『群書類従』（釈家部）にそれぞれ登載されている。

（一一）**法華七喩について**

「勅撰和歌集」における仏教歌が『法華経』を中心にしていることはもはや疑う余地がない。

表二は「勅撰和歌集」における『法華経』歌を示したものだが、ご覧のように二八品すべてにわたっている。この他にも法華十講とか法華八講などを詠ったもの、一念三千や煩悩即菩提、即身成仏、法華懺法、亡き人の供養のため、如法経（写経）、二乗成仏なども歌の対象として詠まれ、また『摩訶止観』や『無量義経』『観普賢経』等を詠ったものもある。およそ『法華経』に関する歌は全体にわたり詠われていることが知られる。それらは表二の「法華経全体」「法華関連」として収めた。それらの歌をここに提示するのはいかにも繁雑にすぎるので、それを代表して「法華七喩」に限定し、それがどのように歌われているかをみておきたい。

いうところの「法華七喩」とは、『法華経』がそのおしえを敷衍するために譬喩として文学的な方法を駆使して説かれたもの。田村芳朗著『法華経』（中公新書）によると、『法華経』は一乗妙法（宇宙の統一的真理）、久遠釈迦（久遠の人格的生命）、菩薩行道（現実の人間的活動）という三つの大きな特色をもつとされるが、「法華七喩」はそれらのなかで、「一乗妙法」と「久遠釈迦」（久遠実成）を譬喩として語られる。

「法華七喩」とは次の七話。

①「三車火宅」譬喩品――――真実の法はただ一乗のみ

②「長者窮子」信解品――――釈迦の目的は一乗。そのための道程

③「三草二木」薬草喩品――――平等世界は一乗に収斂される

④「化城宝処」化城喩品――――一乗への道のり。そのための道程

⑤「衣裏繫珠」五百弟子人記品――一乗に気づく。身のなかにある世界
⑥「髻中明珠」安楽行品――――一乗のみが真実。今こそ法華経の時
⑦「良医治子」如来寿量品―――永遠の仏（久遠実成）

①から⑥は「一乗妙法」というところに主眼点をおいており、⑦は「久遠実成」を説くところにある。

法華七喩の内容を知ることは、つまり『法華経』が何を説こうとした経典なのかを理解することでもあるわけで、「勅撰和歌集」の歌人たちがそれをどのように受容し詠ったか、興味のあるところなので提示してゆくが、繁雑なので三首ずつ選した。

①「三車火宅」譬喩品

子供がたくさんいる父（富裕者）の家に、火事がおこり、父は外に逃れるが、子供たちは家の中で遊ぶばかりで、火事に気づかない。父は子どもたちの好きな三つの車（羊車・鹿車・牛車）を用意し、子供たちを家の外へ出す。すると外には「大白牛車」という立派な車が用意されていた。子供たちは難を逃れ、大白牛車を手にとることができた。

この譬喩を説いた釈迦が、「これは虚偽であろうか」と聴聞者たちに問うと、舎利弗は「虚偽ではない」と返答する。如来がおしえを説いても衆生はそれを悟らないので、如来は「巧みな方便」を説いて「二」とも「三」とも説き、五欲にふけっている衆生（子どもたち）を外にださせ、

大白牛車という立派な車を与えたわけで、如来が比喩で語ったように、人々が最後に外へ出ていったとき、如来は人々に大乗（大白牛車＝『法華経』）を説くのである。

①の「勅撰和歌集」における歌

・ゆくすゑのはなのひかりの名をきくにかねてぞ春にあふ心ちする

（藤原俊成　続後撰　五八九）

・をぐるまののりのをしへをたのまずは猶世にめぐる身とやならまし

（平宣時　玉葉　二六四六）

・我心みつの車にかけつるは　思ひの家をうしとなりけり（近衛天皇　続千載　九四四）

②「長者窮子」信解品

ここでの比喩は、前の「三車火宅」によって真実は一乗のみで二乗や三乗は方便として説かれたものにすぎないとされたことにより、声聞（仏弟子）も成仏できるという喜びのこころを摩訶迦葉など四人の声聞たちが語るという設定になっている。

「長者窮子」の窮子は、長者の実子だが、幼いときに父のもとを去り、ながいあいだ流浪しつづけた。この間、父は子を捜し求めるが、捜し当てることができず、財産をきずいてある都市に住みつく。その都市に偶然、窮子がたどり着く。邸宅の門から父の姿をみるが、それが父とは気づかず、「王さまのような威勢ある人のところに長くいれば、捕らえられてしまう」と、門を去る。

父は窮子の姿をみるなり、わが子であると気づき、側近のものに命じて窮子を捕まえさせる。窮子は殺されるとおもい、気絶する。遠くからその様子を見た父は、ながい流浪の果てに子の心が卑しくなっていると知り、父子の名のりをあげることをあきらめ、解放する。こうして窮子はふたたび貧しい村里へと去ってゆく。父はその村に、貧相な二人の使者を送り、糞便の汲み取りの仕事があると窮子を誘う。そして窮子は父の邸宅で、下男として汲み取りの仕事に従事することになる。やがて父は変装して窮子に近づき、ことばを交わすようになる。徐々に窮子の待遇をよくもしてゆく。しかし窮子は父を父と思うことなく、邸内で働きつづける。やがて父は病気になり、死期の近いことをさとると、自分の莫大な財産の管理を窮子に任せようと思う。窮子のこころも次第に立派になってゆき、これまでの卑しいこころを恥じるようになる。父は臨終の場に人々を集めると、父子の名のりをあげる。そしてすべての財産を子に相続させると宣言する。窮子は喜びの声をあげる。そのこころを経典には「無上宝聚(ほうじゅ) 不求自得」(無上の宝聚は求めざるに自ら得たり)と説く。「無上宝聚」とは声聞たちが成仏という宝を得ることができたことを示すものであり、それが「不求自得」(求めざるに自ら得たり)と、経典は表現するのである。このドラマチックな「長者窮子」の譬喩を、歌人たちは次のように詠う。

②の「勅撰和歌集」における歌

・草の庵に年へしほどの心にはつゆかからんとおもひかけきや(選子　続拾遺　一三四六)

・まよひける心もはるる月かげにもとめぬ玉や袖にうつりし(藤原俊成　続拾遺　一三四八)

・いそぢまでまよひきにけるはかなさよただかりそめの草のいほりに
（足利尊氏　風雅　二〇四八）

③「三草二木」薬草喩品

釈尊はおおくの声聞たちにむかい、「如来がこの世の支配者であり、一切知者である」というおしえを「薬草喩」として説いた。法の一味ということは、雨が地上の植物に平等に雨を降らせるように、あたかも大きな雲が湧き上がるように、如来はこの世に現われて法を説くのである。植物がそれぞれの大きさに応じて養分を吸いあげるように、大は大なりに、小は小なりに同一の法味を受けるように、ここでも法華経がすべての人が成仏できると説くのである。この譬喩から、歌人たちは次のように詠う。

③の「勅撰和歌集」における歌

・もとめてもかかるはちすの露をおきてうきよに又はかへるものかは
（清少納言　千載　一二〇六）

・法の雨に我もやぬれむむつましきわがむらさきの草のゆかりに
（藤原宗家　新勅撰　六〇二）

・法の雨はあまねくそそく物なれどうるふ草木はおのがしなじな
（藤原道長　風雅　二〇五〇）

④「化城宝処」化城喩品

この品では、釈迦の前世が説かれる。数えきられぬほどのとおい昔、大通智勝仏という如来がいた。大通智勝が仏となって菩提の座に座ると、天から花が降り注ぐ。涅槃に入られるときも音楽が鳴り響いた。大通智勝には子供が一六名いたが、父が菩提を得ると、その座に登って合掌し、父をほめたたえた。子供たちが大通智勝に法を説くよう懇請すると、大通智勝は次つぎに法を説き、その集団は大きくなってゆく。やがて一六人の子供たちが出家すると、大通智勝は法華経を説く。子供たちもその法を理解して法華経を説いた。じつは子供たちのなかの一六番目の子供というのは自分・釈迦であり、その法を聴聞した聴衆たちは、今ここに座す衆生たちである。自分が今説いている法華経は、まさに成仏に至るただ一つの道である。そして涅槃もまた一つである。しかしこのことを知らないものがおおい。それを理解させようとして、次のような譬喩が説かれる。

宝の島へゆく集団があった。彼らは疲労困憊したので、指導者が仮りの城を作り、「休もう」という。充分に休んでから、指導者は城を消して、ふたたび宝の山をめざすというものである。三つの乗りもの（化城）は真実ではなく、ただひとつの乗りもの（宝の山）こそが真実と説かれたわけである。大通智勝如来は、経典には「乃往」（遠い昔）とでている。その「乃往」を説明するのに経典は「三千塵点劫」という比喩を説く。三千大千世界（仏教でいうところの宇宙そのもの）にある国々をすべてすりつぶして墨とし、それを携えて東へと進み、千の国をすぎたところに一滴を落とし、また千の国を過ぎて一滴を落としてゆく。かくて墨を落とした国も、素通りした国もあわせて微塵として、その一微塵を「一劫」とする。それは数えきることのできない長大な時間になる。これが「三千塵点劫の比喩」。過去の大通智勝如来の滅後からインドに出世した今日まで、きわめて長い時間を経て、今、釈迦の存在があると経は説く。宗教的、宇宙的空間を経て釈迦が今、法華経を説くのである。このようなことを理解させようとして説かれたのが「化城宝処の譬喩」だった。法華経以前の経々に説かれた声聞や縁覚は成仏できないとされてきたが、法華経の立場からすれば声聞や縁覚は「化城」という休息所にすぎなかった。真実の「宝処」こそ人は目指すべきと経は強調する。この譬喩を、歌人たちは次のように詠う。

④の「勅撰和歌集」における歌

・かりそめのやどともしらで尋ねこしまよひぞ道のしのべなりける　（円位法師　新後撰　六一三）

・いそぎたてここはかりねの草枕なほおくふかしみよしのの里（八条院高倉　続後撰　五九〇）

・うかれたる我身よいかて故郷に　旅と思はてすみさたむへき　（前大僧正頼仲　新後拾遺　一四八一）

⑤「衣裏繋珠」五百弟子人記品

やがて説法第一といわれた富楼那（ふるな）が授記され、つづいて千二百人の阿羅漢たち、五百人にも授記がなされる。ここで「衣裏繋珠」という譬喩が説かれる。

ある男が親友と出会い、親友の家で御馳走にあずかるが、そのまま酔いつぶれて眠ってしまう。男が睡眠中に、親友は男の衣の裏に宝珠を縫いつけて外出する。縫いつけられた宝珠は、男の今後の生活を保証しようとした親友の心の発現だったが、男は目がさめても衣の裏に縫いつけられた宝珠に気づかず、放浪を重ねる。やがて時をへて男は親友と再会する。そのとき親友から宝珠のことをうち明けられた男は、衣の裏に縫いつけられていた宝珠を手にとることができた。

この譬喩は、釈迦によって説かれた、すべての人々が成仏するということを人々が忘れて、それに気づくことなく阿羅漢という地位に留まっていた自分たちだが、仏性という宝珠は今もなお失われることのなきことを、釈迦は目覚めさせてくだされた。受記された阿羅漢たちはこのような譬喩によって喜びを釈迦に伝えたわけである。この譬喩を、歌人たちは次のように詠う。

⑤の「勅撰和歌集」における歌

・ひとりのみくるしきうみをわたるとやそこをさとらぬ人はみるらむ（藤原良経　千載　一二一七）

・衣でにありとしりぬるうれしさに涙の玉をかけぞそへつる（平経正　玉葉　二六五二）

・くもらじとみがく心の玉がしはもにあらはれて世をいのるかな（親王尊円　新千載　九二五）

⑥「髻中明珠」安楽行品

「髻中明珠」の比喩は釈迦が文殊菩薩に向かって説いたもの。転輪聖王（てんりんじょうおう）（古代インドの理想的国王で、正義をもって世界を治めた）が国を征服するとき、戦功に応じて褒賞を与える。そのなかで髻（もとどり）（髪を頭の頂に束ねた所。たぶさ）だけはなかなか与えない。特別に大きな戦功のあるものだけに、明珠（宝）を与えるのである。釈迦はこれまでいろいろな法を説いてきたが、今こそ王が明珠を与えたように、法華経という最高のおしえを説くというもの。この譬喩を、歌人たちは次のように詠う。

⑥の「勅撰和歌集」における歌

・山ふかみまことのみちにいる人はのりの花をやしをりにはする（藤原盛方　新勅撰　六〇〇）

・もとゆひの中なるのりのたまさかにとかぬかぎりはしる人ぞなき（肥後　続後撰　五九四）

・名にめでてまよひもぞする女郎花にほふやどをばよきてゆかなん

（藤原為明　風雅　二〇五三）

⑦「良医治子」如来寿量品

あるところに良医がいた。良医にはたくさんの子供がいた。ある日、良医は用事で他国に出かけた。その留守中に、子供たちは誤って毒薬を飲んでしまう。毒はたちまちきいて、子供たちは悶え苦しむ。そんな状態のとき、父の良医が仕事を終えて帰宅した。毒を服した子供たちのなかには正気を失ったものもあるが、正気を失わなかった子供たちは、帰宅した父をみて喜び、「自分たちは愚かにも毒薬を飲んでしまった。お助けください」と願う。父は色も香も味もよい薬剤を調合し、子供たちに「この薬は良薬だから、すぐに飲みなさい」と告げる。本心を失っていなかった子供たちはただちに薬を飲み、病気は治癒する。ところが本心を失っている子供のほうは、父の帰宅を喜びはするが、薬を飲まない。毒がからだじゅうに回っていて、良薬を良薬とも思わないのだ。父は「毒気がからだじゅうにまわったために、私をみてよろこびはするのに、薬を飲もうとしない。ここは何としても薬を飲ませなければならぬ」。このように思案した父は、薬を飲ませようと一計をめぐらす。そして「子供たちよ。私はすでに年老いて衰弱し、死のときが迫ってきた。この良薬をここに置いておくから、飲みなさい」と。そして良医はふたたび旅にでる。そして旅先から使者をつかわして「お父さんが旅先で亡くなられました」と告げさせた。父が亡くなったときくと、本心を失っていた子供たちも、悲しみ悶え「父がいたなら、私たちをあわれみ、助けてくださろうものを。私たちは頼むものがなくなった」と悲観する。父の死を知った子供たちはこのとき、とたんに我にかえり、今は亡き父のかたみとなった良薬を飲む。本心を失っていた子供たちの病は治癒する。父は子供たちの病気が癒えたときくと、ただちに帰宅し、父子は互いに手をとりあって喜びあう。この比喩は父の死が方便として使われたもので、ほんとうは父は死んだのではなかった。そのように釈迦のいのちもまた八〇歳で涅槃にはいられたのは方便であって、真実は仏（釈迦）の寿命は久遠であることを説いたもの。この譬喩を、歌人たちは次のように詠う。

⑦の「勅撰和歌集」における歌

・わしの山へだつるくもやふかからんつねにすむなる月をみぬかな

（康資王母　後拾遺　一一九五）

・わしのやまむかしのはるはとほけれどみのりのはなは猶にほひけり

（平時広　続古今　七八二）

・入る月をしたふ心のまことあらば二たびてらす影はみてまし

（藤原高範　新続古今　八三四）

この⑦の比喩については後白河法皇は次のように詠っている（岩波『日本古典文学大系』による）。

・釈迦の正覚成ることはこの度初めと思ひしに　五百塵點劫よりも彼方に仏と見えたまふ

・法華経八巻は一部なり二八品其の中に　あの読まれたまふ説かれたまふ寿量品ばかりあはれに尊きものは無し

・仏は霊山浄土にて浄土も変えず　始めも遠く終はり無し　されども皆是れ法華なり

・沙羅林に立つ煙　上ると見しは虚目なり　釈迦は常に在して　霊鷲山にて法を説く

・仏も昔は人なりき我等も終には仏なり三身仏性具せる身と　知らざりけるこそあはれなれ

第二章　法華経の行者日蓮考

（一）法華経の行者日蓮

日蓮は貞応元年（一二二二）に生誕し、弘安五年（一二八二）に遷化しているから、時代的には、承久の乱から元寇（弘安の役）までということになる。この時代にも「勅撰和歌集」は九番目の『新勅撰』、一〇番目の『続後撰』、一一番目の『続古今』、一二番目の『続拾遺』が編纂された。日蓮はこれらの歌集と同時代人だった。これらの歌集を日蓮が詠んだ形跡はうかがわれないが、日蓮遺文には和泉式部や能因の名前があがっている。これらが和歌集によってか、あるいは他の資料によってかは不明だが、和泉式部や能因は当時すでに世評が高く喧伝されていたから、それを受けてのものだったかもしれない。

日蓮といえば「法華経の行者」ということばとともに『法華経』とともに生きた人物として浮かびあがるが、これまでにるるみてきたとおり「勅撰和歌集」において、歌人は『法華経』をテーマとした歌をもっとももおおく詠んでいた。日蓮在世の当時においても、『法華経』は随一の経典として詠まれつづけていた。のみならず日蓮遷化後にも「勅撰和歌集」としては、『⑬新後撰』、

『⑭玉葉』、『⑮続千載』、『⑯続後拾遺』、『⑰風雅』、『⑱新千載』、『⑲新拾遺』、『⑳新後拾遺』、『㉑新続古今』と編纂されつづけた。それらの歌集の大半もまた、『法華経』と向きあっている。そこには信仰という立場よりは経典を客観的な立場にたって詠うという歌集としての体裁が崩されることはなかったものの、さきに慈円が「今生世俗の文字の業を翻して当来讃仏法輪の縁となす」といったこととあわせ、日蓮の生涯をみてゆくとき看過できない重要なポイントとなろう。どういうことかというと、「勅撰和歌集」には讃仏あるいは経典の解釈に留まることなく、そこを超えて歌人たちの生の発散、もしくは処世の指針として詠まれていた。経典は歌人たちの日常茶飯に不可欠な存在とされていたのである。そんななかにあって『法華経』が随一の経典という認識が基底をなしていたことは、「法華七喩」にみたとおりで、歌人たちのおおくが『法華経』を抜きにしては歌を詠いつづけることはできなかった。日蓮は『新古今』の編纂された一七年後に生を享けているが日蓮出生の当時、歌人たちのおおくが『法華経』をテーマとして詠っていたのである。

本書は子規と日蓮についての論考だが、両者に共通する語彙がある。「常識的革命者」というもの。これは服部嘉香が回想の子規として『子規全集』（講談社版　別巻二）に「常識的革命者」と題して掲載されている。ふつう子規といえば大改革者というイメージを浮かばせる人がおおいだろうが、子規の近くにいた服部は子規を改革者ではあるが、きわめて常識的な人物だったというのである。子規論の大半は「革命者子規」としているから、これは大胆な発言になるかもしれない。しかし服部の分析は当を得たものといわなければならない。この点、日蓮もまたふつうには大改革者として語られることがおおいが、日蓮は自ら「天台沙門」と称したように天台宗の智顗(ちぎ)や最澄のおしえの継承者という自覚のうえにたって宗教活動に邁進した。その過程で自説が受けいれられず法難に遭い、そこから新たなおしえを深め、独自の教義を建立するに至りはするのだが。日蓮在世中に編纂された「勅撰和歌集」が『法華経』を中心に詠われていたことは、日蓮がいきなり史上に登場したのではなかったことを示している。敷衍して「勅撰和歌集」を中心においてみると、この時代、日本は「法華経の国」といってよい様相のなかにあった。この流れに反旗を翻したのは専修念仏を創唱した法然だから、真の改革者は法然といわなければならない。これは今や歴史学では定説とされているように、仏教史上における革新者はあらゆる聖道門のおしえを捨閉閣抛した法然だった。先に紹介した丸谷説によれば、「勅撰和歌集」の時代、すなわち宮廷文化中心の時代、『法華経』はもっとも重んじられた経典だったが、日蓮はその『法華経』を楯に法然を批判しつづけたわけで、これは「常識的仏教者」といってよい立場といってよい。歴史家のあいだでは日蓮を古代仏教復古主義者と主張されることがあるが(たとえば家永三郎)、それもまた日蓮の出発が「常識的仏教者」であったことを意味しているといってよかろう。日蓮はしかしそこから「革命者」といわれるほどの独自の仏教を確立したのだから、「常識的革命者」として子規につうじるものが指摘されるところである。

千葉安房国の漁村に誕生した日蓮は一二歳にして清澄寺に入山、一六歳に出家得度、一七歳から一八歳にかけて鎌倉に遊学、二一歳から比叡山をはじめ近畿地方の奈良・大坂・京都などに遊学。この間、真実の仏法とは何であるかという問を発しつづけるが、その過程で密教につよい関心を抱いた。そもそも清澄寺は円仁のながれを汲む天台密教に属していた。日蓮における密教とのつながりは、顕教としての最高の経典として『法華経』に真実をみたのちにもつづいてゆき、三二歳に故郷清澄寺において法華宗開宗を宣言し、鎌倉にでて松葉ケ谷に草庵を結び、法鼓を鳴らすときまでへもつづいてゆく。しかし三七歳に駿河国岩本実相寺において一切経を閲覧し、『法華経』に釈尊の本心を見出してからは、密教から離れてゆく。三八歳には末法における衆生の救済と国土の安泰は『法華経』にのみにあるとの確信を吐露した『守護国家論』を著し、それをさらに敷衍した三九歳の著『立正安国論』を幕府に進覧する。ところがその所説に反対する念仏者たちによって草庵が焼かれる。日蓮はそれにひるむことなく、それ以後も弘通に専念してゆくが、そのために四〇歳には伊豆に流罪。四三歳には病身の母を見舞うために帰郷したが、このとき小松原で法難に遭った。日蓮が自身を「法華経の行者」ということばを初めて使ったのは、この小松原法難のときからである。法難ののち南条兵衛七郎に宛てた書状に、次のようにある。

今年も十一月十一日、安房国東条松原と申大路にして、申酉の時、数百人の念仏等にまちかけられ候て、日蓮は唯一人、十人ばかり、もの、要にあふものはわづかに三四人也。いるやはふるあめのごとし、うつたちはいなづまのごとし。弟子一人は当座にうちとられ、二人は大事のてにて候。自身もきられ、打て、結句にて候し程に、いかが候けん、うちもらされていままでいきてはべり（『南条兵衛七郎殿御書』）。

この書状は事件（法難）のあった約一ヵ月後の文永元年一二月一三日の日付がある。老母の孝養のために故郷に帰った日蓮が、『法華経』弘通を故郷において展開しようとしたとき、これに反対する数百人の念仏者たちがいきなり攻めてきた。「射る矢は降る雨のごとし、討つ太刀は稲妻のごとし」にはすこしく誇張の気味があるが、弟子と篤信徒が殺され、自身も額に疵をこうむったというすさまじい光景である。何のためにこのような事件が起きたのか。同書状に「日本国は純に法華経の機也」「法華経こそ信心まさり候へ」という主張を頑固なまでに推し進めようとした日蓮に反対する念仏者が、怒りを発散させたのである。この法難を契機として日蓮は自身を「日本第一の法華経行者也」と表現するようになった。以後、日蓮は死にいたるまでこの語を常套的につかう。

日蓮生涯の事蹟をまとめておくと、その生涯は大きく三区分される。第一は何が釈迦の真実の経典・正法なのかという疑念を追究し晴らすための猛烈な研鑽。第二はその正法が『法華経』にありと結論すると、その正法を弘通してゆくことを自分の使命としたこと。第三はそうした正法に反対する人たちを非難し糾弾することだった。この場合、第三の相手への糾弾は「念仏無間」をはじめとする四箇格言というかなり厳しい格言とともに日蓮を規定したため、相手から猛烈に非難され、それが法難という事態に日蓮を追い込むことになった。ところが日蓮の生涯は四箇格言のあおりをうけたことによって「法華経の行者」からさらに「上行菩薩の自覚」という高度な宗教的立場を標榜するにいたる。つまり日蓮にとって法難は皮肉にも、自身の宗教的自覚を得るためのおおきな勝縁となったのである。

（二）持経者について

『法華経』じたいは『法華経』を修行する人のことを「受持」または「持経者」と表現している。したがって法華経の行者たる日蓮は、「受持」や「持経者」ということばも使う。日蓮はそうした「受持」や「持経者」をも「法華経の行者」と表現するようになる。「法華経の行者」と称するまでは「持経者」と称していた。

「持経者」は日蓮のみに適用されるものではなく、法華経信仰の歴史のなかで古代より使われていた。菊地大樹著『中世仏教の原形と展開』には、古代より中世にわたる持経者の実態が詳細に記述されていて、それによると、奈良時代における持経者の特色は経典（主として最勝王経と法華経）の「暗誦」にあったが、もともとは『霊異記』にあるように民間・私度僧の間において、経典の暗誦はおこなわれていた。律令体制下においても『続日本紀』の太政官奏に、僧侶となる資格を得ようとするものは「唯法華経一部、或は最勝王経一部を闇誦し、兼ねて礼仏を解し、浄行三年以上なる者を取る」（天平六年一一月条）とあるから、古代社会を通じて経典暗誦は僧の重要な任務とされていた。持経者と法華経信仰とは相関関係にあったわけである。それが次代の平安時代にもひきつがれていった実態は『法華験記』にも多種多様な形態としてみられることは、前章にみたとおり。

『法華験記』に登載されている持経者の実態をもうすこしみておくと、法華経全体読誦、一部のみ徹誦、数部読誦、二万部読誦とあるほか、四十年読誦しつづけた人、四品読誦の人、二十七品のみの人、方便品のみの人、薬王品のみの人と多様である。さらには書写や暗唱、諷誦、早口に読誦の行者、また読誦を聞いたり、法華懺法を修する人もいた。他人に聞かしたり講筵に連なる人、法華に命をかける人もあれば昼夜三部にわたって読経する人、一月に千部や三時に法華と止観、日に一品ずつ、日に六部、毎日三十余部読誦する人もあり、声が美しいことが強調されている人もあった。

菊地氏は持経者の実態は、変化をとげながらも鎌倉時代の重源（ちょうげん）へまで影響を与えつづけたといわれ、重源が持経者であることは間違いないと断定をくだされている。重源といえば東大寺再建に際して大勧進職に補任（ぶにん）された人である。そのような人物が持経者として法華経信仰を抱いていた。菊地氏はまた「東大寺に持経者の活動の場が確保されたこと、さらにその場を通して、持経者が顕密寺院に組織化されていった可能性が十分考えられる」とされている。持経者の実態が克明に記載されているのは『法華験記』にみたとおりで、そこに登載されている持経者の出身は多岐にわたるが、中心が天台宗にあることはいうまでもない。それが東大寺や顕密寺院に組織化されていたという指摘は、「持経者」の存在が平安末期から鎌倉時代にかけての日本仏教史上に重要な位置を占めていたことを論証されたものである。それは「勅撰和歌集」の編纂された時期と重なるわけで、仏教界のみならず和歌の世界においても『法華経』はきわめて重要な位置を占めていた。たとえば『枕草子』に「経は法華経」と記した清少納言は「勅撰和歌集」に「法華八講にことよせて」として「もとめてもかゝるはちすの露を置てうき世に又はかへるものかは」（『千載』）とも、また「法華経序品」として「白妙の光にまがふ色みてや　紐とく花をかねて知らん」（『新拾遺』）とも詠っている。

重源の没年が建永元年（一二〇六）、日蓮の誕生が貞応元年（一二二二）ということを視野にいれると、天台沙門として出発した日蓮が、当初から持経者という自覚をもっていたことは充分考えられよう。幼少時に「日本第一の智者」にならんと記憶力増進法である求聞持法（ぐもんじほう）を御本尊・虚空蔵菩薩に祈願していたという伝承をもつ日蓮である。前時代より官吏登用試験の受験生の間にもおこなわれていた求聞持法を日蓮が体験したであろうことは、敢えて否定することもない。天才的頭脳のもち主であった日蓮が法華経一部の暗唱など、自在ではなかったのではないか。その記憶力は『法華経』ばかりではなく、当時の環境のなかで対象となる経（『華厳経』・『般若経』・『最勝王経』・『仁王経』・『阿弥陀経』・『大日経』、その他経典類を含む）・律宗典籍類・論（天台三大部・最澄著作類・空海著作類・妙楽大師の論・源信著作類・法然著作・明恵著作など）といった仏教関係のものばかりか、『貞観政要』・『高僧伝』・『史記』・『毛詩』や記録伝記類をはじめ中国思想の典籍や儒教などの外典はいうに及ばず、『日本書紀』や『貞永式目』、また説話・物語（『今昔物語』・『平家物語』・『十訓抄』・『宝物集』など）に至るまで読破の幅をひろげていた形跡は御遺文に明確にうかがうことができる。日蓮の頭脳に蓄積されていたそれらの知識は、それぞれの抽斗から時に応じて自在に即座に引き出された。求聞持法は日蓮の宗教活動のなかでたしかに活かされていた。日蓮が『法華経』に釈尊の心をみたとき、日蓮はいよいよ持経者としての自覚を深めていったにちがいない。それははやく『守護国家論』（三八歳）に、自ら「持経者」と発言しているし、『唱法華題目鈔』（三九歳）には「持経者を謗ずる罪は法師品にとかれたり」とある。

(三) 持経者としての日蓮

『法華経』は「受持」の経典といわれるように、経中にしばしばこの語をみることができる。そしてまた「持経」や「持経者」という語もしばしばみられ、その実態が経典のなかに示されている。経典に即してみてみると、『譬喩品』に

仏の在世に若しくは滅度の後に、それ、かくの如き経典を誹謗するもの有りて、経を読誦し書し、持つこと有る者を見て、軽賎し憎嫉して、結恨を懐かば、この人の罪報を、汝、今、また聴け。その人、命、終れば阿鼻獄に入らん。（岩波文庫本 上）

法華経受持がいかに大切なことかを説いたこの経句を日蓮は遺文中にしばしば引用し、持経者と仏滅後の弘経とが密接な関係にあるとのべている。『法華経』は仏滅後を視野にいれた経典だが、日蓮はそこに注目する。また「持経者」と同じ意味をもつことばに「受持」がある。日蓮は『法華経』を受持し、その実践者として「持経者」を自認したといえるだろう。そして経典受持者（持

経者）として生涯を送るのである。

さきに引用した『南条兵衛七郎殿御書』には「法華経の行者」という自己認識の言葉がもう一ヵ所でてくる。

人のめ（妻）をねらひ、ぬすみ等にて打はらる、人は多けれども、法華経の故にあやまたる、人は一人なし。されば日本国の持経者はいまだ此経文にはあわせ給はず。唯日蓮一人こそよみはべれ。我不愛身命但惜無上道是也。されば日蓮は日本第一の法華経行者也。

ここにある「持経者」と「法華経の行者」が受持を介しての同根の意を含んでいることは明瞭である。「日本国の持経者はいまだ此経文にはあわせ給はず」なのだが、これは『法華経』に説かれる「あやまたる、人」がいないからである。ところがこれを「唯日蓮一人こそよみはべれ」という事実（法難という事実）に遭遇したわけで、だから自分は「日本第一の法華経の行者也」と解してよい。日蓮にいわせれば、真実の「持経者」こそが「法華経の行者」という規定に適合するのである。

「持経者」の語は、『南条兵衛七郎殿御書』の二年後の『法華題目鈔』に「法華経をばつやつや唱へず供養せず、或はわづかに法華経を持経者によますれども、念仏者をば父母兄弟なんどのやうにをもひなし、持経者をば所従眷属よりもかろくをもへり」と、父母兄弟への供養は念仏よりも持経者によらねば意義なしとする日蓮の立場がここに表明されている。

「持経」に関しては、その後もしばしば使われるが、佐後（さご）においてもっとも頻繁に使われている。

佐後というのは「佐渡流罪以後」ということで、日蓮は五〇歳の佐渡流罪以降に独自の教義を確立したので、宗門においては佐後の遺文が重視される。そういう意味からでは、「持経者」ということに関して、佐後において象徴的なのが『立正安国論』である。『立正安国論』には北条時頼に上申した「中山本」(三九歳)と「広本」(五七歳)が伝えられているが、『譬喩品』にでてくる「持経者」が、中山本には記載されていないのが、広本には引用された。これは日蓮が「行者」としての自覚をもちながら、「受持」や「持経者」という立場を堅持していたことを示すものにほかならない。これら『法華経』の所説を生涯にわたり遺文中に引用したのは、「持経者」でありながら「行者」でもあるという重層的信仰をもっていたからである。「持経者」と「法華経の行者」とは同心円的に日蓮のなかに描かれていた。

(四)「法華経の行者」と信仰の深化

持経者日蓮が、「法華経の行者」と公言したのは小松原法難(四三歳)においてだが、それ以前に「法華経の行者」ということばを『守護国家論』(三八歳)、『教機時国鈔』(四一歳)、『顕謗法鈔』(四一歳)等に表明している。

『守護国家論』においては、「法華経の行者」の条件として、「四十余年」、「已今当」、「皆是真実」、「依法不依人」という『法華経』『無量義経』『涅槃経』にある経句を提示している。これらの経句を宗教的自覚として抱くものが「法華経の行者」と規定するのである。これらは天台沙門という立場にあるものの発言とみることができよう。のちには宗教体験、すなわち法難を経ることによって、「本朝沙門」と、はっきりと行者自覚を吐露する日蓮だが、この時点では経典に基づいた内的というか、表面的な辞典的な自覚に留まっている。『守護国家論』に提示された「四十余年」とは『無量義経』にある経文で、釈迦の教説は五〇年にわたるが、このうち前四〇年は真実が説かれることなく、最後八年の『法華経』において真実が説かれたというもの。また「已今当」とは、『法華経』の前に説かれた経（已）、今説かれている『法華経』（今）、そしてこの後にとかれた『涅槃経』（当）などすべての経典中において、『法華経』が真実の経であると説かれたところ。「皆是真実」は釈迦のことばに嘘偽りはなく、すべて真実が説かれているということ。「依法不依人」はすべての経典の解釈ないし判断は「人」によってではなく、どこまでも「法」を中心点におかねばいけないということ。これらはすべて日蓮自身の発言としてではなく、どこまでも経典に基づく教説としているところに日蓮の視座がある。ことに『涅槃経』に説かれた「依法不依人」という経句を、日蓮は生涯おしえの根幹、礎においた。「法華経の行者」ということも、ただ『法華経』の所説を行者として生きるというよりは、どこまでも「依法不依人」という法を中心としたものとして受けとめたのである。日蓮にあっては経典のこれらの所説はすべて真実の教説として受理され、それを自身の宗教的生命と直結させてゆく。法華経の体現者というつよい意識がそこには認められる。

次の『教機時国鈔』は、松葉ヶ谷（三九歳）、そして伊豆流罪（四〇歳）を経たのちの遺文である。

法難という宗教体験を経た日蓮は、「法華経の行者」ということばにも変化をもたらせてゆく。『教機時国鈔』には「三類の怨敵」という経典の所説から、これら三類という人々の出現があってこそ「法華経の行者」たりうると主張するようになる。「三類の怨敵」とは、法華経勧持品に説かれているところで、三種類の増上慢（まだ悟りを得ないのに、得たと思ってたかぶること）のこと。三種類とは①在家・②出家者・③人々から尊敬されている聖者たちをさし、こうした増上慢の人々で世の中が満たされるときこそ、真実の法である『法華経』が流布されねばならないというのである。虚偽の世にこそ真実の法を弘通しなければならないという訴えと換言できるだろう。

『教機時国鈔』には、さらに「如来現在猶多怨嫉」（釈迦在世のときよりも、仏の滅後のときほど怨みやねたみがおおい）「況滅度後」（仏滅後のほうが難がおおい）「我不愛身命但惜無上道」（自分の身命を惜しむことなく無上道を惜しむ）といった『法華経』の各品よりの経句、ならびに『涅槃経』の一説を加え、これらの経句がかかわる存在者が「法華経の行者」と規定した。それ故にこそ「法華経の行者」は「必ず身命を喪（うしな）」うほどの覚悟が必要だと公言するのである。伊豆流罪という宗教体験は、そのように自身を『法華経』の説く世界のなかへと沈潜させてゆこうとする覚悟のほどを吐露させた。これらの体験の末に起きたのが小松原法難であった。この法難に際しての「法華経の行者」発言は、まさしく死を賭した自らの貴重な体験に基づくもので、空理空論、観念的な理論から導入されたものではない。実体験によって教義を確立していったところに宗教者としての日蓮の他に譲ることのできないつよい立場がある。これは煎じ詰めれば日蓮という「人」が『法華経』という「法」のなかに没入してゆくことを意味するわけで、のちに正岡子規が日蓮を評価するにいたるのも、そうしたところに根ざすのである。

日蓮における「法華経の行者」は、このように『法華経』にたいする絶対的信が、自身の迫害、弟子・信徒の殉死という宗教体験によって裏付けられたところから惹起したわけで、そのような絶対的な信を『法華経』に寄せた日蓮は、そこに根本的に規定するものとして「仏記」、さらにすすんでは「未来記」として捉えるようになる。仏の未来記と自己とのかぎりない同一性こそは日蓮に「行者日蓮」たることを証明させてゆくのである。このように『法華経』に全身全霊、身を挺してゆこうとした態度は、どこからくるものなのか。

日蓮ははやい時期、二一歳の処女作『戒体即身成仏義』に「正直捨方便」（方便品）「四十余年未顕真実」（『無量義経』）「依法不依人」（『涅槃経』）という三つの経典から三つの経句を引用している。つまり『法華経』は正直を説く経典であり、法華経以外の経典は方便として説かれたものであるから、捨て去らねばならないというのである。そこに「正直捨方便」という経句の重みがある。この経句は正直一筋に生ききった日蓮にとっては金科玉条と受け止められた。『法華経』のみが釈迦の遺した唯一の正真正銘、真実「正直」の経であるという認識であり信仰である。釈迦は『法華経』を説くためにこの世に出現し法を説いたという視点が日蓮の心に居すわっていた。日蓮における法華経選択は、このように主観的なものとしてではなく、どこまでもそこに経典をして経典に語らしめるという「依法不依人」という経証からでてゆくのである。『法華経』はそうした、いわば仏教全体のなかで位置づけられたものという客観的立場にたって日蓮によって選択されたものだった。このような経証を胸に抱き、これらの経句を釈迦の声、真実そのものの声と受け止め、そうした法華経世界に自己を置き、『法華経』とのかぎりない同一性をめざして同化してゆくことを、まさに如来使として自分に課してゆくのである。

(五) 歴史家日蓮

「法華経の行者」の自覚はさらに「日蓮一人」と表記されるようになる。この端的な表明である「日蓮一人」は、『南条兵衛七郎殿御書』(四三歳)にはじめて使われたが、次に使われたのは蒙古の国書が到来したことを受けて書かれた『安国論御勘由来』(四七歳)において。そこでは『立正安国論』に予言したとおりの他国侵逼(しんぴつ)の難と自界叛逆(ほんぎゃく)の難が今や現実のものとなり、「若し此の国土を毀壊せば、復仏法の破滅疑なきもなり」とし、これを知るのは「日本国但一人也」と記す。『安国論』の予言に示された他国侵逼難と自界叛逆難という二難のうち、前者は蒙古襲来、後者は北条家の争いというかたちで現実化し、日蓮はこの予言から「日蓮一人」という自信を吐露したのである。これは法華経との一体化、すなわち法華経即自分、自分即法華経という法華経の行者としての自己の存在の高々なる宣言といってよかろう。遺文中に日蓮は自分を称して「日蓮之心」「日蓮幼少の時」「唯日蓮一人こそよみはべれ」「日蓮が道理」「日蓮が命」などとあるところから、日蓮という人はいかにも自己顕示欲のつよい人というイメージがあるが、これは日蓮が法華経との一体化を示したことばと受け止めなければなるまい。それを集約したことばが「法華経の行者」であり、法華経の所説に限りなく接近していった「事実」である。『立正安国論』における予言の的中もまた日蓮によれば貴重な自己体験となる。一つの事実から次の事実への飛翔は事実の蓄積のうえにたちあがってゆく昇華といえるだろう。事実というものは仮定として措定されるものではない。疑うことのできない現実そのものの謂である。まさに事実の累積が日蓮生涯の思想を形成してゆくのである。日蓮はどこまでも理論家としての宗教者ではなく、自らの体験のうえに教義を構築していった宗教者だった。

ここで思いだすのは昭和を代表する歴史家・家永三郎である。彼は日蓮の宗教には否定的発言を展開したことでしられるのだが、そんな彼に次のような文章がある(『中世仏教思想史研究』)。

仏家にして日蓮ほど和書を多く読み、国史に精通していた人は少ないであろう。彼には愚管抄のような単行の史書こそないが、全遺文中随所に散見する史論にはあたかも後世の安積澹泊あたりを連想せしめるものがあるほどで、これを蒐集編集すれば優に一巻の史論書ができる。加之「一代聖教の明鏡をもつて日本国を浮見……一代聖教の中に法華経は明鏡の中の神鏡なり」(神国王御書)という明瞭な仏教的鑑戒主義の直説されているものも珍しく、この点従来の日本史学史が彼の名を逸しているのは大きな手ぬかりであったといわなければならない。その所説は法華信仰の功徳の弁証という一元的原理で貫かれているため愚管抄の如き曖昧な妥協的議論と違って極めて明快である(旧仮名づかい・旧漢字を現行に改めた)。

歴史的現実は、まさに現実そのものであり仮定を許さない。たとえば「本能寺で信長が死ななかったら」ということは誰しもおもうところだが、歴史は冷徹である。常に現実から現実へと動いてゆくのが歴史である。光秀が三日天下で終わったのも、家康が江戸時代三〇〇年の礎を築いたのも、これをくつがえすことはできない。すべては結果だけが歴史的現実となって歴史を形成してゆく。歴史家はそれに対していろいろな史論を展開してゆくのだが、歴史そのものを動かすことはできない。家永が引用文のあとに、日蓮の史論を「歴史の説明としては多くの僻説に陥ることを免れなかった」と評するのも、それは家永の史論に依拠する史論であって、歴史そのものを仮定として捉えることはできるものではない。

現代の歴史家によって「これを蒐集編集すれば優に一巻の史論書ができる」とまで感嘆せしめたほどに、日蓮が歴史に精通し歴史を重んじたのは、歴史的事実はそこに疑いの余地をいれることができないことを熟知していたからにほかならない。このことは日蓮が仏教を主情的に捉えることなく、どこまでも客観的な立場にたって相対したことと無関係ではあるまい。「日蓮一人」という表現の抱懐する真意がこれまで等閑に付されてきたのではないか。日蓮というと、何となく自己をひけらかす人物と評されてきた感がするが、日蓮は自身をも客観的に見つめるのである。その標章となったのが釈迦の明言であり、歴史のなかに生きつづけてきた『法華経』という経典にほかならならず、その『法華経』のなかへ「依法不依人」の標旗に生涯を包んでいったのが日蓮ではなかったか。そこに「法華経の行者」と自称する日蓮のゆるぎない立場がある。

文永五年（一二六八・四七歳）に蒙古より国書がとどき、『安国論』での予言が現実のものとなるや、日蓮は『安国論御勘由来』を書いて、そのなかに「叡山守護天照太神・正八幡宮・山王七社・国中守護諸大善神」が「法味を食はずして威光を失ひ、国土を捨てて去り了んぬ」と記した。そして翌六年（四八歳）には『安国論』をふたたび進覧して幕府に提出する。が、北条時宗はこれを聞きいれず、文永八年（五〇歳）をむかえる。文永八年といえば竜口法難（九月）、そして佐渡流罪（一〇月）の身となる、日蓮生涯の最大の危機にさらされた時である。幕府にたいする再度の進言（諫言）も聞き入れられず、佐渡への流罪となった日蓮は、善神に見捨てられた自分を回顧する。

（六）竜口法難と霊山浄土

日蓮生涯の転機となった竜口法難について考えてゆきたい。

文永八年九月一二日、幕府の宗教的弾圧によってはっきりした理由もなく逮捕された日蓮は佐渡への流謫となる。じつは佐渡流罪は表向きの刑で、幕府においては内々に竜口において斬首せんと企図されていた。その模様を日蓮は「文永八年九月十二日に都て一分の科もなくして佐土国へ流罪せらる。外には遠流と聞しかども、内には頸を切と定ぬ」（『下山御消息』）としたためている。かくて斬首の模様を日蓮は「江のしま（島）のかたより月のごとくひかりたる物、まり（鞠）やうにて辰巳のかたより戌亥のかたへひかりわたる。十二日の夜のあけぐれ（昧爽）、人の面もみへざりしが、物のひかり月よ（夜）のやうにて、人々の面もみなみゆ。太刀取目くらみたふれ臥し、兵共おぢ怖れ、けうさめ（興醒）て一町計はせのき、或は馬よりをりてかしこまり、或は馬上にてうずくまれるもあり」（『種種御振舞御書』）と述懐する。刑場である竜口に連行されたとき、四条頼基などが供をしたことは『四条金吾殿御消息』や『種種御振舞御書』などに日蓮自身が記している。右の『種種御振舞御書』にあるように、斬首はまぬがれ、その夜のうちに佐渡に向かうべく相模依智へと向かう。依智での滞在が長引き、依智をたったのは一〇月一〇日だった。

依智に到着した二日後の『土木殿御返事』に「これには一定と本よりご（期）して候へばなげかず候」と日蓮門下随一の信徒・富木氏への配慮のことばをにじませたうえ、「いままで頸の切ぬこそ本意なく候へ」と竜口法難を無事に免れたことの不思議を伝えている。次の『四条金吾殿御消息』にはやはり竜口法難にふれ、「今度法華経の行者として流罪死罪に及ぶ。流罪は伊東、死罪はたつのくち。相州たつのくちこそ日蓮が命を捨たる処なれ」と「行者日蓮」の立場を強調した。竜口法難を「死罪はたつのくち」とのべていることについては、のちの遺文にしばしば説き、死をまぬがれた事実を不思議な体験とのべている。そんななかで『四条金吾殿御消息』（五〇歳）において「日蓮霊山（りようぜん）にまいりてまづ四条金吾こそ、法華経の御故に日蓮とをなじく腹切んと申候なり、と申上候べきぞ」と、竜口法難のおり、四条金吾が殉死の決意をしたことに感激のことばをしたためた。

この『四条金吾殿御消息』のなかに「日蓮霊山にまいりて」とあるところは注目される。竜口法難によって日蓮は霊山浄土を頭に描いたのだ。霊山浄土とは死の世界そのものだから、つまり自身の「死」を、霊山浄土と直結させたわけである。ただ竜口法難という宗教的体験は、宗教的回心とまでは自覚されていない。宗教的回心は竜口法難を基盤としながらも、この時点ではなお「行者日蓮」の立場の発言とみなければなるまい。この点については、説明を要しよう。どういうことかというと、『法華経』（『従地涌出品』）には「上行菩薩」という菩薩が説かれるのだが、この菩薩は末法の世に出現すると説かれる。後に日蓮は自身がその「上行菩薩」と自覚するようになるのだが、それは佐渡においてのことで、竜口法難の時点ではそこまでの信仰的深化はなく「行者日蓮」の立場をくずしていない。ただ竜口法難において死を覚悟したことはいうまでもないことで、日蓮はそれを「霊山浄土」という言葉に集約させた。

「霊山浄土」という語は文永七年の『真間釈迦仏御供養逐状』（四九歳）に「後生は霊山とおぼしめせ」がはやい例で、次には先引の『四条金吾殿御消息』に「日蓮が難にあう所ごとに仏土なるべき歟。娑婆世界の中には日本国、日本国の中には相模国、相模国の中には片瀬、片瀬の中には竜口に、日蓮が命をとどめをく事は、法華経の御故なれば寂光土ともいうべき歟」とある。竜口法難によって死を意識し、その死の場所が霊山浄土という意識下にあったわけである。ちなみに「霊山浄土」に関しては、佐渡の塚原から一谷に移動したとき富木氏にあてた書状に「万事霊山浄土を期す」とあるほか、『種種御振舞御書』『撰時抄』などに二十数例ある。日蓮にとって霊山浄土とは、次に示す五八歳の『松野殿女房御返事』にあるように、『法華経』の説かれた場所、さらには『法華経』受持の場所としての認識があった。

昼夜に法華経をよみ、朝暮に摩訶止観を談ずれば、霊山浄土にも相似たり、天台山にも異ならず。

さらには、真偽未詳の遺文ではあるが『当体義鈔』に次のようにある。

本門寿量の説顕れて後は霊山一会の衆、皆悉く当体蓮華を証得する也。二乗・闡提・定性・女人等も悪人も本仏の蓮華を証得する也。〈中略〉日蓮が一門は正直に権教の邪法邪師邪義を捨てて、正直に正法正師正義を信ずる故に、当体蓮華を証得して、常寂光の当体の妙理を顕はす事は、本門寿量の教主の金言を信じて南無妙法蓮華経と唱ふる也。

霊山浄土とは、法華経の説かれた特定の場所をさすと同時に、信仰的に高められるときには唱題する場所そのものをさす。最終的には日蓮にとって霊山浄土は単に死の世界を意味するものではなかったことは銘記しなければなるまい。

（七）久遠実成

竜口法難によって日蓮は宗教的な異次元の体験をした。しかしそれはどこまでも「法華経の行者日蓮」としての立場だった。そのような世界に降り立つ眼前に厳としてあるのが死（霊山浄土）という現実だった。死の覚悟を日蓮は霊山往詣と受け止めた。それが佐渡に渡って著わされた『開目抄』に「日蓮といゐし者は去年九月十二日子丑の時に頸はねられぬ。此は魂魄佐土の国にいたり」

と「魂魄」発言となる。魂魄とは、竜口法難以前においては、『法華経』はなお彼方の存在として、百パーセント自身の身にひきよせては読まれていなかったが、竜口法難の体験によって『法華経』がいよいよ自分の身ひとつに引き寄せられていった。宗教的自覚といってよいだろう。法華経世界に向かっていた日蓮が、「死」を賭したとき、ついにその世界に浸潤していくのだ。このことを示すことばとして日蓮は「久遠実成(くおんじつじょう)」を想念にのせるようになる。

此に予愚見をもて前四十余年と後八年との相違をかんがへみるに、其相違多といえども、先世間の学者もゆるし、我が身にもさもやとうちをぼうる事は二乗作仏・久遠実成なるべし。（『開目抄』）

今日において日蓮といえば、ただちに「久遠実成」という語が想起されるのだが、この語は『開目抄』において、はじめて使われた。釈迦の存在を佐渡において「久遠実成」としておおきくクローズアップさせたのである。それは次の文章につながってゆく。

本門にいたりて、始成正覚をやぶれば、四教の果をやぶる。四教の果をやぶれば、四教の因やぶれぬ。爾前迹門の十界の因果を打やぶて、本門十界の因果をとき顕す。此即本因本果の法門なり。九界も無始の仏界に具し、仏界も無始の九界に備て、真十界互具・百界千如・一念三千なるべし（『開目抄』）

日蓮が釈迦を「久遠実成」の仏と記したのは『開目抄』が始めてであるということの意義はすこぶる重い。そこでは右のように本因本果の法門が説かれた。釈尊を永遠仏として、つまり久遠実成の釈迦を、自分の生とからむ存在として顕現させたのである。「法華経ばかり教主釈尊の正言也」、「今よりこそ諸大菩薩も梵・帝・日月・四天等も教主釈尊の御弟子にては候へ」などの発言は、日蓮が久遠実成の釈尊にあいまみえたことを示す。竜口法難の死の自覚から『法華経』の説かれた霊山浄土へと思いをはせ、その霊山にいます久遠実成の釈迦の存在を間近に拝むのである。このことを日蓮は「かたみともみるべし」と覚悟のほどを吐露した。『開目抄』はひとつには魂魄となった行者日蓮が弟子・信徒に残そうとしたかたみとしての意義をもつが、一方では日蓮自身にとっては久遠実成の釈迦にまみえることにほかならなかった。『法華経』が歴史を超越した永遠の生命観として捉えられるようになったのである。宗教的、永遠的な意味あいのある、まさに魂魄の宇宙観とでもいいうる世界観、宇宙観。

このように、日蓮が『開目抄』において久遠実成の釈迦とあいまみえたことに法悦をおぼえたことは明白だが、自身が上行菩薩という自覚の認識はここにはまだなく、そのような発言もない。このあたり、『法華経』の構成は『従地涌出品』において上行等の四菩薩の涌現があり、「父少而子老」（涌現した菩薩たちは三二相を備えた、みるからに老翁の姿であるのにたいして、それを説く釈迦はそれら菩薩の子のようだということから、父は少く子は老人のようだと表現されたもの）と父子逆転と説かれ、それを受けて『如来寿量品』において久遠実成の釈迦が明かされるという順を踏んでゆく。日蓮は逆に、というより正直人としての日蓮らしく、まず久遠実成としての釈迦の存在を前面にうちだし、その後『観心本尊抄』において上行涌現、ならびに自身の上行自覚を吐露してゆくのである。

(八)『開目抄』における「法華経の行者」

佐渡流罪について考えてみると、法華経の行者は諸天の守護を受けるはずなのに、諸天はその自分を捨てたことが俎上にあげられる。具体的には『開目抄』は法華経の行者がどうして難に遭うのかという門弟の疑問にたいする回答、さらにそれをふまえて法華経信仰の正しさを強調するための教唆の意味も含ませたのである。自身「洛陽の蓮台野のやうに死人を捨る所に一間四面なる堂の仏もなし。上はいたま(板間)あはず、四壁はあばらに、雪ふりつもりて消る事なし」(『種種御振舞御書』)といったような、雪降りしきる塚原三昧堂は想像を絶する世界であったろう。そういう世界のなかにありながら、しかし『法華経』は絶対的な経典であるから、その行者は捨てられるはずがないという信念がそこに居すわっていた。このような「捨」と「信」という絶対矛盾のなかから、日蓮自身が諸天をも凌駕していく必然性を問うてゆくのである。「神をこえた日蓮」といってもよい宗教的世界の萌芽といってよい。

従来『開目抄』の科文の付け方が一定していないのは、こうした宗教的昂揚の精神構造が『開目抄』一巻には滔々として流れているからである。それを「法華経の行者」発言と照応させてみてゆくと、『開目抄』は「かたみともみるべし」の箇所をひとつの区切りとして、前後二段に分けて読むことが妥当と考える。

そこで『開目抄』前段における「法華経の行者」発言を日蓮自身の文章をみてゆくと、肯定的なものとしては次のようにある。

・日蓮なくば誰をか法華経の行者として仏語をたすけん
・いかでか法華経の行者をすて給べき
・大聖法華経の行者を捨べしや
・法華経の行者に敵対をなさば、彼の行者をすて、法華経の行者を守護すべし

否定的なものとしては次のようである。

・還て此事計みれば我身の法華経の行者にあらざるか。又諸天善神等の此国をすて、去給るか
・諸天等の守護神は仏前の御誓言あり。法華経の行者にはさるになりとも法華経の行者とがう（号）して、早々に仏前の御誓言をとげんとこそをぼすべきに、其義なきは我身法華経の行者にあらざるか
・法華経の行者を知見せられざるべしや
・法華経の行者出来せば磁石の鉄を吸がごとく、月の水に遷がごとく、須臾に来て行者に代、仏前の御誓をはたさせ給べしとこそをぼへ候に、いままで日蓮をとふらひ（訪）給わぬは日蓮法華経の行者にあらざるか
・法華経の行者あるならば、此等の聖者は大火の中をすぎても、大石の中をとをりても、とぶらはせ給べし。迦葉の入定もことにこそよれ。いかにとなりぬるぞ。いぶかしとも申ばかり

なし。後五百歳のあたらざるか。広宣流布の妄語となるべきか。

以上のようにここまでは肯定的発言と否定的発言が拮抗している。否定的発言の大半は諸天が自分を捨てたという発言。自分は釈迦に捨てられたという認識である。肯定的発言は「行者日蓮」として生きろうとした姿の体現とみられよう。「捨」と「信」はここでは拮抗している。おおいなる拮抗である。

ついで後段にある「法華経の行者」発言をあげる。
・又誰人か法華経の行者なりとさ、れたるらん。をぼつかなし。彼の三類の怨敵に我等入てやあるらん。又法華経の行者の内にてやあるらん。をぼつかなし
・誰をか法華経の行者とせん
・此等を法華経の行者というべきか。仏語むなしからざれば三類の怨敵すでに国中に充満せり。金言のやぶるべきかのゆへに法華経の行者なし
・誰をか当世の法華経の行者として仏語を実語とせん
・法華経の行者あらば必三類の怨敵あるべし。三類はすでにあり。法華経の行者は誰なるらむ。求て師とすべし。一眼の亀の浮木に値なるべし。有人云、当世の三類はほぼ有ににたり。但法華経の行者なし。汝を法華経の行者といはんとすれば大なる相違あり
・我無始よりこのかた悪王と生て、法華経の行者の衣食田畠等を奪とりせしことかずしらず。当世日本国の諸人の法華経の山寺をたうすがごとし。又法華経の行者の頸を刎こと其の数を

しらず

ここにおいては、肯定的発言はまったくなく、すべて否定的発言である。そうした発言の前提として法華経の行者の条件として提示されたのが「三類の怨敵」の存在だった（九五ページ参照）。「三類の怨敵」はすでに現われているのだから、真実の法華経の行者もまた当然のこと現われてくるはずなのだ。それがいまだ現われていないと、日蓮は自分を疑う。そしていったい法華経の行者は何処に存するのかと、疑いの眼を自分に向ける。自身が法華経の行者の資格はないとも読み取れる「捨」の世界の横溢である。

『開目抄』における「法華経の行者」発言はすべて、諸天の「守護」か「不守護か」に限られ、どちらかというと否定的である。前段にも肯定的な発言はあるが、数的にはわずか。そしてそれ以後は否定的発言のみ。ここはどのように解すべきか。この点をそのまま受けとってはなるまい。「誰をか法華経の行者とせん」「誰をか当世の法華経の行者として仏語を実語とせん」などという発言の真意には、反語の意味が隠されている。『開目抄』において日蓮は久遠実成の釈迦にまみえたが、こうした否定的発言の裏には、むしろ絶対肯定の精神を孕ませているとみるべきだろう。そのような精神は、「上行日蓮」への橋渡しの発言とみなければなるまい。「行者日蓮」という立場にあるからこそ、否定的発言をすることによって、宗教的自覚を身に醸成しようとした意欲として読みとることができる。宗教実践者としての日蓮のおおいなる葛藤の姿である。宗教家は高次の葛藤なくして思想を昇華させることはできない。日蓮のばあい、そうした葛藤の末、発せられたことばが「我日本の柱とならむ、我日本の眼目とならむ、我日本の大船とならむ」という三大誓願だった。ここには明らかに「上行日蓮」へと昇華してゆく精神が台頭している。しかもなお日蓮は自身が「法華経の行者」かどうかという疑念を投げかけてゆくのである。

（九）『観心本尊抄』にいたるまでの「法華経の行者」

日蓮が上行菩薩を自覚するのが『観心本尊抄』においてであるということについては後に触れるとして、その前に『開目抄』述作から『観心本尊抄』述作までのあいだの期間についての「法華経の行者」発言についてみておく必要がある。『開目抄』述作より二ヵ月後に日蓮は一谷（いちのさわ）に移住させられるのだが、その二ヶ月という短期間における日蓮の宗教的自覚はいよいよ最終的深淵へと向かってゆくのだ。

・ほぼ経文を勘え見るに、日蓮法華経の行者たること疑いなきか。（『富木殿御返事』）
・今法華経の行者は其中衆生悉是吾子と申て教主釈尊の御子なり。（『日妙聖人御書』）
・されば一切の二乗界、法華経の行者をまほり給はん事は疑あるべからず。（『祈祷鈔』）
・法華経の行者をば捨させ給べき、なんど思つらぬればたのもしき事なり。されば法華経の行者の祈る祈は、響の音に応ずるがごとし。影の体にそえるがごとし。すめる水に月のうつるがごとし。（『祈祷鈔』）
・いかでか法華経の行者を捨させ給べき。（『祈祷鈔』）

・八方四百万億那由陀の国土に充満せさせ給し諸大菩薩身を曲低頭合掌し、倶に同時に声をあげて、如世尊勅当具奉行と三度まで声を惜まずよばわりしかば、いかでか法華経の行者にはかわらせ給はざるべき。(『祈祷鈔』)

・仏の御諫なしともいかでか法華経の行者を捨給べき。(『祈祷鈔』)

・大地はさゝばはづるるとも、虚空をつなぐ者はありとも、潮のみちひぬ事はありとも、日は西より出るとも、法華経の行者の祈のかなはぬ事はあるべからず。法華経の行者を諸の菩薩・人天・八部等、二聖・二天・十羅刹等、千に一も来てまほり給はぬ事侍らば、上は釈迦諸仏をあなづり奉り、下は九界をたぼらかす失あり。行者は必不実なりとも智慧はをろかなりとも、身は不浄なりとも、戒徳は備へずとも南無妙法蓮華経と申さば必守護し給べし。(『祈祷鈔』)

・仏記の如きんば、末法に入りて法華経の行者あるべし。その時、大難在世に超過せん。〈中略〉天台・伝教は之を宣べられて本門の本尊と四菩薩の戒壇と南無妙法蓮華経の五字を残したまふ。〈中略〉今既に時来たれり。四菩薩出現したまはんか。日蓮この事まず之を知る。(『法華行者値難事』)

『開目抄』述作後より『観心本尊抄』に至るまでの二ヵ月にわたる「法華経の行者」発言は、右に列挙したように、すべて諸天守護を確信した肯定的発言で占められている。否定的発言は皆無である。『開目抄』では肯定否定相半ばするなかにも、否定的発言のほうがおおかったが、ここにきて大きな変化を示している。これは塚原退出後、『開目抄』の葛藤・苦悩を宗教的に超克した世界がひらけていったことを示したものにほかならない。一谷へ移住したこともひとつの原因だろうが、『開目抄』において吐露された久遠実成の釈迦の存在への覚醒が、「上行日蓮」の立場を芽生えさせ、『開目抄』の稿が最終段階を迎えようとしたとき、日蓮の精神はいやがうえにも昂揚していこうとしたとおもわれる。この点について、大平宏龍氏が「『開目抄』の末尾近くの文意と、『本尊抄』前半の文意の一致が注意されねばならず、その点を考慮する時、『開目抄』と『本尊抄』の密接な関係がより一層、鮮明に見えてくる」(「『観心本尊抄』拝読私見―佐渡塚原と一谷の間―」『桂林学叢』第二一号)とのべられていることは示唆的である。

この二ヵ月という期間のなかで注目されるのは日妙聖人に「日本第一の法華経の行者の女人なり」と女性信徒に「法華経の行者の女人」としたためていることである。信徒へのこのような呼称は、竜口法難にさいして伴をした四条金吾に与えているし、さじき女房・南条時光・富木尼・千日尼・日位・池上宗仲、藤九郎守綱、光日上人等々にも与えている。二乗作仏という法華経の教理を信徒のなかへ浸透させていった日蓮のゆるがぬ姿のなかには、法華経信仰には男女や地位の上下など差別なきことの発露とみられよう。

(一〇) 上行所伝

ところで内外万巻の書に通じていた日蓮の教義は、客観的なもの(天台智顗の仏教哲学)を土台としながらも、自身の行者として生きぬいてゆこうとする主観的なもの（宗教的自覚）とが強く支配している。その客観的なものとして、日蓮は生涯にわたり「一代五時図」を図示したことがあげられる。これは釈迦一代にわたる教化の方法を智顗が構成・発案したものを図示したもので、日蓮は三九歳より死の直前にいたるまで、「一代五時図」を時には「一代五時鶏図」「釈迦一代五時鶏図」などと名称を変えながら三〇編を図示している。そこでは釈迦一代の全経典が列挙され、『法華経』が釈迦出世の本懐経へと導かれてゆく道程が明かされる。また主観的なものとしては、法華経世界に身を投じるなかで自身を「法華経の行者」より一段深い境地である「上行日蓮」という立場へと深化させてゆこうとしたところに認められる。そうした客観・主観をからませながら成立していったのが日蓮仏教の本質といえよう。そこに生きた宗教としての日蓮仏教の特色が存在する。日蓮仏教は時に応じて変転したとみられがちだが、端的にいうと、日蓮仏教をもっとも特徴的にあらわしたことばとして「法華経の行者」発言をみると、そこには宗教的昇華を次つぎとこなしていった真摯な姿として、天台を超克していった日蓮独自の足跡がありありとみられる。

日蓮の宗教は最終的段階の「上行所伝」という立場にたつとき完結し、同時に「行者日蓮」が「上行日蓮」へ、つまり「四劫をでてゆく」超歴史的な宗教家としての日蓮像が確立するにいたる。そうした場所に降り立つために『開目抄』の苦悩の世界はどうしても必要であった。

『開目抄』には、上行等の四菩薩の涌現がただごとではないとされた。ただしそこにでてきた四菩薩の名は経典の説相として説かれているにすぎない。しかして『開目抄』述作より二ヵ月後、日蓮は幕府の方針によって一谷へ移された。この二ヵ月中の遺文のなかに、先にもあげた『日妙聖人御書』がある。そこに「まさに知るべし。釈迦仏・多宝仏・十方分身の諸仏、上行・無辺行等の大菩薩、大梵天王・帝釈・四王等此の女人をば影の身にそうがごとくまほり給らん」と日蓮はしたためている。ここに上行菩薩を自覚せんとした日蓮像がありありとみられ、『観心本尊抄』の腹案を念じていたと想像することができる。この書状をふまえた約一年後、日蓮は「地涌千界の菩薩は己心の釈尊の眷属也」と吐露する『観心本尊抄』をしたためるにいたる。

その『観心本尊抄』には

所詮迹化・他方大菩薩等に我が内證の寿量品をもって授与すべからず。末法の初めは謗法の国にして悪機なるが故に之を止め、地涌千界の大菩薩を召して寿量品の肝心たる妙法蓮華経の五字をもって、閻浮の衆生に授与せしめたまふなり。

ここに地涌千界の大菩薩と自身との深い因縁が語られ、三類の敵人をはじめとする謗法者で充満している末法という時代に、地涌菩薩が妙法蓮華経の五字を「閻浮の衆生に授与せしめ」るという発言がある。これは深く重みのある発言である。ここに妙法蓮華経が「寿量品の肝心」とされているところに日蓮の眼のおきどころが知られよう。久遠実成の本化の釈迦と上行菩薩とがワンセットとなって、末法に法華経を弘通してゆく道筋を示したわけである。それはさらに「付属」と表現される。

天台云く、但下方の発誓のみを見たり等云云。道暹云く、付属とは此の経をば唯下方涌出の菩薩に付す。何故爾。法是久成の法なるに由るが故に久成の人に付す

「付属」とは要するに釈迦から上行菩薩に法が伝えられるという「上行所伝」という立場にほかならない。日蓮は初期より「付属」が『法華経』の真髄であると説いていたが、これは『法華経』に対する日蓮の視点が終生変わるものではなかったことを示すとともに、『観心本尊抄』においてそのすべてが集約されたといってよい。「付属」は『観心本尊抄』にいたって頻繁にでてくる。

・諸の菩薩等は、この慇懃の付属を聞いて「我不愛身命」の誓言を立つ。これらは偏に仏意に叶わんがためなり

・属累品に云く「爾の時に、釈迦牟尼仏法座により起つて大神力を現じたもう。右の手を以て無量の菩薩摩訶薩の頂を摩でて、乃至、今以て汝等に付属す」等云云。地涌の菩薩を以て頭となし、迹化・他方、乃至、梵・釈・四天等にこの経を属累したもう。「十方より来りたまえる諸の分身の仏、各本土に還り、乃至、多宝仏の塔還つて故のごとくしたもうべし」等云云

・此の本門の肝心南無妙法蓮華経の五字においては、仏、猶文殊薬王等にも之を付属したまはず

かくて『法華取要抄』（五三歳）には、ずばり

・日蓮は広略を捨てて肝要を好む。いわゆる上行菩薩所伝の妙法蓮華経の五字なり

と「上行菩薩所伝」ということばとなってでてくる。日蓮は『開目抄』において久遠実成の釈迦を身読するが、いまだ「付属」の発言はなかった。このことに関連することでは、さらに「地涌」ということばをあげねばなるまい。「上行日蓮」と規定できるのは「地涌」の自覚と付会するからである。「地涌」ということばは『観心本尊抄』にいたるまではすべて経相という意味をでてゆかない。そして『観心本尊抄』において始めて釈迦と上行との深い因縁が語られることになる。『観心本尊抄』には、こうした理に基づいた自覚吐露の発言が次のように頻繁にでてくる。

・但だ地涌千界を召して八品を説いて之を付属したまふ
・末法の初は謗法の国、悪機なるが故に之を止め、地涌千界の大菩薩を召して寿量品の肝心たる妙法蓮華経の五字を以て閻浮の衆生に授与せしめたまふ也
・本門の四依地涌千界は末法の始に必ず出現すべし
・十神力を現じて地涌の菩薩に妙法五字を嘱累して云く　経に云く　爾の時に仏上行等菩薩大衆に告げて諸仏の神力は是の如く無量無辺不可思議なりと
・法華経並びに本門は仏滅後を以て本と為し、地涌千界に之を授与す。何ぞ正像に出現して此の経を弘通せざるや乎
・今末法の初、小を以て大を打ち、権を以て実を破し、東西共にこれを失し、天地顛倒せり。迹化の四依は、隠れて現前せず、諸天はその国を棄ててこれを守護せず。この時地涌の菩薩、始めて世に出現し、ただ妙法蓮華経の五字を以て幼稚に服せしむ。「因謗堕悪必因得益」と

はこれなり。我弟子、これを惟え。地涌千界は、教主釈尊の初発心の弟子なり
・この菩薩、仏勅を蒙りて近く大地の下に在り。正・像にいまだ出現せず
・地涌千界出現して、本門の釈尊の脇士となりて、一閻浮提第一の本尊、この国に立つべし。
月支・震旦には、いまだこの本尊ましまさず

このように『観心本尊抄』において、日蓮は釈迦と上行菩薩との密接な関係をはじめて説いた。仏勅をうけた上行菩薩が末法にかならず出現するという、つよい発言の吐露である。『観心本尊抄』におけるこのような表明は、日蓮が一谷において「上行日蓮」を自覚したことを示唆する。

日蓮の上行菩薩としての最終の思想は、『観心本尊抄』に「天台云く爾の時に仏、上行に告ぐというより下は、第三に結要付属なり〈中略〉この十神力は、妙法蓮華経の五字を以て、上行、安立行・浄行・無辺行等の四大菩薩に授与したもう。前の五神力は在世のため、後の五神力は滅後のためなり。しかりといえども、再往これを論ずれば、一向に滅後のためなり」と「結要付属」を説き、そこから「地涌千界、本門の釈尊の脇士となりて、一閻浮提第一の本尊この国に立つべし」とて御本尊図顕をほのめかしたのである。その六ヵ月後の文永一〇年七月八日、曼荼羅本尊が図顕され、日蓮仏教を完成させるにいたる。

『観心本尊抄』述作の約半月後の『顕仏未来記』に

仏の滅後において四味・三教等の邪執を捨て実大乗の法華経に帰せば、諸天善神ならびに地涌千界等の菩薩、法華の行者を守護せん。この人は守護の力を得て本門の本尊・妙法蓮華経

の五字を以つて閻浮提に広宣流布せしめんか

と『開目抄』のなかであれほど諸天守護と不守護との間を煩悶した諸天守護を、手のひらをかえしたように守護を確信するにいたっている。ここで注意したいのは、「諸天善神ならびに地涌千界等の菩薩、法華の行者を守護せん」とあるところ。「法華経の行者」を、「地涌千界等の菩薩」が守護するというのである。この守護発言については、『観心本尊抄』が「仏、大慈悲を起して、五字の内にこの珠を裹み、末代幼稚の頸に懸けさしめたもう。四大菩薩のこの人を守護したまわんこと、大公・周公の成王を摂扶し、四皓が恵帝に侍奉せしに異らざるものなり」という末文で終結していることと関連しているが、『顕仏未来記』には「法華経の行者」を「地涌千界等の菩薩」が守護するという。ここに日蓮と地涌千界等の菩薩（上行菩薩）との深い接点がみられよう。

すでにのべたように、身延入山直後の発表になる『法華取要抄』（創案は一谷においてしたためられた）に「上行菩薩所伝の妙法蓮華経」とあったが、このように具体化された「上行所伝」の法は、末法に弘通されねばならぬというはっきりした立場の表明である。

ところで、これまでの日蓮伝は「佐渡」をひとつの時期としてとらえ、前期後期をあわせた論が大半を占める。その根拠は「法門の事はさど（佐渡）の国へながされ候し已前の法門は、ただ仏の爾前の経とをぼしめせ」という『三沢鈔』の文章による。しかしここにある「佐渡」についてては一考を要するのではないか。「佐渡」は前期後期あわせてでなく、『観心本尊抄』を中心とする後期の一谷をさしていると読むべきではないか。すなわち上行自覚というはっきりした表明、そして大曼荼羅本尊の図顕という宗教的発現こそは、身延隠栖後の日蓮に「佐渡」の重大さを確認させたものにほかならなかったからである。それが三沢氏への言葉として吐露されたものではなかったか。『三沢鈔』の発言は上行自覚後の発言と受け止めたい。

（一一）日蓮が「上行菩薩」を名乗らなかった理由

日蓮四三歳より五一歳までにおける「法華経の行者」発言を、諸天の守護・不守護を視座においたとき、『開目抄』においては否定的と肯定的とがあることを指摘し、塚原から一谷へ移住するまでの間には否定的発言が姿を消し、肯定的発言のみへと転じると証明しえた。しかもこの時点まではなお「行者日蓮」としての発言にとどまっていた。しかして『観心本尊抄』において「上行日蓮」を自覚するに至るのだが、そのような自覚をえても、日蓮は「法華経の行者」と名乗りつづけ、自分を上行菩薩の応生（生まれ変わり）と名乗った形跡は一切みられない。『観心本尊抄』に表明されなかったのみか、入滅にいたるまで、まったくみられない。しかし日蓮が心のうちに上行菩薩を自覚したことは『観心本尊抄』の所説に明白である。『観心本尊抄』より『法華取要抄』にいたる遺文中には、仏滅後の末法に結要付属を受けた上行菩薩が出現するという筋道を明示しているのだ。それにもかかわらず自身を上行菩薩と名乗った形跡はみられない。これは何を意味するのであろうか。日蓮の上行自覚のなかには、おのずと「法華経の行者」としての認識のほか、「持経者」としての認識をも存していたということではなかろうか。日蓮にあっては「持経者」に「法華経の行者」も含ませたが、上行菩薩の自覚を得たのちもまた「法華経の行者」と称えつづけたと解してもよいのではないか。

胸のうちに上行自覚を抱きながら、終生「法華経の行者」と称しつづけた流れのなかで、身延期の遺文をみてみると、自分は上行菩薩であろうかどうかという疑念を呈しながらも、やはり上行菩薩なのだという文面をうかがわせる内容を、次のように披露している。

・天台・伝教は之を宣べられて本門の本尊と四菩薩の戒壇と南無妙法蓮華経の五字を残したまふ。〈中略〉今既に時来たれり。四菩薩出現したまはんか。日蓮この事まず之を知る。(『法華行者値難事』)

・上行菩薩等を涌出品に召出させ給て、法華経の本門の肝心たる妙法蓮華経の五字をゆづらせ給て、あなかしこあなかしこ、我滅度の後正法一千年、像法一千年に弘通すべからず。末法の始に謗法の法師一閻浮提に充満して、諸天いかりをなし。彗星は一天にわたらせ、大地は大波のごとくをどらむ。〈中略〉日蓮上行菩薩にはあらねども、ほぼ兼てこれをしれるは、彼の菩薩の御計かと存て、此二十余年が間此を申す。(『新尼御前御返事』)

・上行菩薩の大地よりいで給しには、をどりてこそいで給しか。(『大善大悪御書』)

・その時に下方の大地より未見・今見の四大菩薩を召し出したもう。いわゆる上行菩薩・無辺行菩薩・浄行菩薩・安立行菩薩なり。〈中略〉その時に大覚世尊寿量品を演説し、しかして後に十神力を示現して四大菩薩に付属したもう。〈中略〉予地涌の一分にあらざれども兼ねてこの事を知る。ゆえに地涌の大士に前立ちてほぼ五字を示す。〈中略〉地涌の大菩薩、末法の初に出現せさせ給ひて、本門寿量品の肝心たる南無妙法蓮華経の五字を、一閻浮提の一切衆生に唱へさせ給ふべき先序のため也。（『曾谷入道殿許御書』）

ここに提示した遺文は弘安二年までのものだが、そこにおいては「日蓮＝上行」という等式にたちながらも、「日蓮上行菩薩にはあらねども」といった、不徹底な態度がみられる。つまり弘安も元年までの遺文の大半は四菩薩の一員として「四菩薩」または「上行菩薩等」とのべられていた。ところが弘安二年以降は次に示すように「上行菩薩」単独としてのべられるようになる。

・末法に入て始の五百年に、上行菩薩の出させ給（「四菩薩造立鈔」）
・斯人行世間の五の文字は、上行菩薩末法の始の五百年に出現して、南無妙法蓮華経の五字の光明をさしいだして、無明煩悩の闇をてらすべしと云事也。日蓮等此の上行菩薩の御使として、日本国の一切衆生に法華経をうけたもてと勧しは是也（「寂日房御書」）
・上行菩薩の再誕の人なるべしと覚えたり（「右衛門太夫殿御返事」）
・経文には、末法に法華経を弘る行者あらば上行菩薩の示現なりと思ふべし（「波木井殿御書」）

弘安二年は日蓮五八歳、死の三年前になる。最晩年には「上行菩薩」とのみ記載するようになったのは「日蓮＝上行」の意識が日蓮の精神のなかで醸成され、高揚し昇華したことを示している。日蓮の眼中には上行菩薩しか着目されなくなり、「日蓮＝上行」という等式はいよいよ濃厚な関係を結ぶようになった。日蓮滅後の教団が、日蓮を上行菩薩の再誕もしくは応生・応現と謳うところに結着をつけてきたのは、こうした日蓮の立場を重んじたからにほかならない。

このことに関して『頼基陳情』が『昭和定本日蓮聖人遺文』に収録されていて、そのなかに次のようにある。

日蓮聖人は御経にとかれてましますが如くば、久成如来の御使、上行菩薩の垂迹、法華本門の行者、五五百歳の大導師にて御座候

また

日蓮聖人御房は三界主・一切衆生の父母・釈迦如来の御使上行菩薩にて御坐候

これだと、「日蓮＝上行菩薩」という等式が成り立つし、日蓮滅後の人々はこれを根拠にしてこの等式のままを踏襲してきた。ところがこの『頼基陳情』はじつは「再治本」であり、それ以前に存在していた「日澄本」（未再治本とも称される）が再治されたものであることが判明した。そしてもともとの「日澄本」には日蓮の「上行菩薩の垂迹」「釈迦如来の御使上行菩薩」という文言ははいっていなかった。しかし門弟のなかには「日蓮＝上行菩薩」という等式を信じようという気風が高揚しており、そんななかから「再治本」となって御遺文中に摂取されたというわけである。つまり日蓮自身が生前にこの等式を吐露したことはなかったのである。このあたりのことについては、学界でいろいろと議論されたが、この問題はそれほど難解なことではない。日蓮にあって上行菩薩という存在は超歴史的存在者とみなしたから、上行菩薩の自覚（歴史的自覚）と上行菩薩本体そのもの（超越的存在）とは次元が異なるのである。日蓮はどこまでも「法華経

の行者」（歴史的自覚）としての生をまっとうしたのである。日蓮にあっては信仰とはただ南無妙法蓮華経と唱えることだった。これを曼荼羅という宇宙観に表象させようとすれば、首題だけでは全体世界・全体宇宙とはなりえない。首題が包む具体的な諸尊がそこに配置されるとき、真実の曼荼羅世界が働いてゆくことになる。このような構想に基づいて図顕されたのが「大曼荼羅御本尊」だった。それは宇宙を凝縮したものであるばかりか、信仰の対象であり礼拝の対象としての意義をも有することになる。そこにおいては日蓮という存在は無化されなければならない。なぜなら日蓮生涯の主張であった「依法不依人」の本義がそこに厳として存するからである。「日蓮＝上行」という図式は「法」より「人」を優先させることになるではないか。しかし日蓮にあってはどこまでも「人」より「法」が重視されねばならない。『法華経』という経典には経典中に「法華経」という言葉が幾度もでてくるが、それは法華経世界が永遠の過去から連綿とつづいてき、今、ここに存在し、さらに未来へまでも生きてゆく存在でなければならないという宇宙観に基づいている。『法華経』はけっして日蓮個人に帰してしまってはならないという自覚は日蓮自身がもっていたはずである。

このあたりの信条を、キリスト者・矢内原忠雄が『余の尊敬する人物』のなかで次のようにいっている。

・日蓮は自己の基礎をば常に経文に求め、自己の言節をば一々経文によつて裏打しました。

・之は自己の言を装飾する為めの衒学的な引用ではありません。

・日蓮に自説といふものはありませんでした。彼は経文にある事のみを語ったのです。
・日蓮の言は日蓮一個の私の言ではない、之は経文の言である。

矢内原忠雄はこのように「依法不依人」の意義を的確にのべている。「依法不依人」は日蓮生涯の信仰を支配する指針だった。だから日蓮は自分が上行菩薩の再誕、応生の自覚はもちながら、そのものずばりと発言することをひかえた。法華経の行者として生ききることを生涯の使命とした日蓮は、自身を上行菩薩と名乗ることなく、大曼荼羅御本尊のなかにそれを秘めたといえるのではないか。

なお、この章の締めくくりとして、右にものべた矢内原忠雄の『余の尊敬する人物』の文章を紹介させていただく。これは昭和一五年に岩波新書として出版されたものである。

日蓮が諸宗の教義に対して、自己の法門のみが絶対に正しいことを主張したのは、何に基くのでありませうか。それは彼の独断的感情論に過ぎぬものでありませうか。否、日蓮がこの確信に到達する迄には、驚嘆すべき学問の勉強があつたのです。〈中略〉日蓮が究め明したところによれば、仏教に諸仏あれど本尊は釈尊のみ、諸経あれども正経は法華経のみ。釈迦の伝導生涯に於いて、始め四十二年間に説きたる諸経は準備の教、方便の説である。最後の八年間に説きたる法華経こそ釈迦の本懐である。釈迦は法華経の弘通に迹門（しゃくもん）、本門（ほんもん）の二つの段階を分ち、入滅後正法一千年像法一千年の間は迹門の教法が説かれるが、この二千年を過ぎて末法の時代に入れば、五百年の中に本門の法華経が広宣流布して、広く濁世の衆生を救ふであらう。その使命の為めに上行菩薩が顕れ来ることを、釈迦は預言してゐる。今末法に入りて既に二百余年、本門の法華経が流布すべきであるに拘らず、諸宗思ひ思ひの本尊を立て、思ひ思ひの経に依り、仏教の教義は大いに紊れてゐる。天台、伝教は法華経の正統を継いだ者であるが、伝教の後、義真、円澄はその法を守つたけれども、慈覚が弘法の真言を採りいれて以来、天台宗の教義も純粋を失つて堕落した。教義が正統を失ひて、道徳は堕落せざるを得ない。今の時に於いて悪道に堕つる者は、俗人よりも僧侶に多いのである。世間の罪によつて悪道に堕ちる者は爪の上の土、仏法によつて悪道に堕つる者は十方の土ほどある。諸宗の高僧等は外には賢善を現はし、内には貪嫉を懐き、公家武家を恐れ、将軍権門に宮仕し、檀家を諂ひ怖づる事、犬が主に尾をふ、鼠が猫を恐るるが如くである。かくの如く仏法を壊乱する者は仏法中の怨である。これら仏法の壊乱者に対し、慈なくして詐り親しむは、是れ彼らの怨である。能く之を糾治する者こそ真の仏弟子であり、彼ら壊乱者の為めに悪を除くは、是れ彼らに対する真の親切である。今日蓮は過去の天台伝教を見ず、上行菩薩出現の時にも未だ会はず、何を頼み誰を師として、法華経の真義を仰ぐを得ようか。或ひは日蓮自ら上行菩薩ではないけれども、その先駆者として法華経の真理を宣べ伝ふべき使命が、己れ自身に課せられてゐるのではあるまいか。〈中略〉日蓮に欠点がありました。しかし日蓮の欠点は、少くとも偽善ではありません。彼の性格は真実であります。純真であります。彼は真理を生命としたが故に、真理の敵に対しては、両立を許さざるほどの激しい憤りを発したのです。日蓮の怒りの底には、真理に対する熱愛があつたのです。

〈中略〉日蓮は自己の信念の基礎をば常に経文に求め、自己の言説をば一々経文によつて裏打しました。日蓮の文章言論は、経文の引用によつて満たされてゐます。之は自己の言を装飾する為めの衒学的（ペダンチック）な引用ではありません。自説の貧弱なことを隠蔽する為めの偽装（カモフラージ）ではありません。或る意味では、日蓮に自説といふものはありませんでした。彼は経文にある事のみを語つたのです。

〈中略〉日本人は長い間の封建制度の下に、「長いものには巻かれろ」といふ思想的奴隷の態度を養はれて来ました。真理の故に真理を愛し畏しこむといふ思想は蔽はれて来たのです。併し何時までもさうであつてはいけますまい。鎌倉時代の日蓮は、真理の為めに真理を愛し、真理によつて国を愛し、真理の敵に向つて強く「否」と言ふことの出来た人であります。さういふ人が昔の日本人の中に居たといふことは、私共の慰めであります。

第三章　子規と日蓮

（一）日蓮の生涯と子規

第二章において日蓮の宗教家としての精神史を「法華経の行者」という視点にたって追跡したが、その資料としたのは「御遺文」として伝えられた日蓮自身の文章である。それらには真偽未詳のものもあるが、明らかに真蹟として現存しているものもおおい。それらの大半が信徒に宛てられた消息ということも貴重であろう。門弟や信徒たちはそれらを歴史の波をくぐりぬけて大切に保存した結果、四百数十編にものぼる「御遺文」として現在にも伝えられることになった。日蓮の精神史は、門弟・信徒とともに歩んだ一人の偉大な宗教家の軌跡といってよい。かりに御遺文が保存されていなければ、史上の日蓮という存在は、きわめて蓋然的なものになってしまっただろう。

そのような「御遺文」を離れて日蓮の生涯をあらためて再考してみると、その生涯は世に受けいれられるものとはならなかったといえる。経典をして経典に語らせるという「依法不依人」という客観的立場にたち、途轍もない主観的な情熱を国家や周囲に向かって傾けたにもかかわらず、迫害につぐ迫害に終始したのが日蓮の一生である。門弟や信徒以外には支持されることのなかったその生涯は孤絶の一生だったといわなければならない。おおくの迫害にも遇い、流罪は二度におよぶ。雪降りしきる流罪地・佐渡における過酷な環境のなかにおいても、日蓮は不撓不屈の精神を貫いた。どうして耐えきることができたのか。そこにあるのはただ『法華経』という経典への百パーセントの帰依いがいにはなかった。『法華経』への絶対的信という一筋の道いがいには何もなかった。この事実を事実そのまま信じた門弟の篤き心が、日蓮を史上の人たらしめたわけである。

それにしてもこの一途な精神はどこからきたのか。それはすべて修学時代の研鑽にかかっている。仏教を客観的視野にたって研究してゆくなかで獲得された『法華経』という経典の真実。この経が釈迦の本懐であると信じた日蓮は、そこに何らの疑念をいれることなく信じきり、受難をむしろ自身の精神史を高める当然の帰結とした。そしてまっしぐらに『法華経』とともに歩んだ。これに向かうことを自分の仏教徒としての使命と決断した日蓮は、まさしく法華経の行者として生涯を『法華経』に捧げた。

正岡子規はこのような日蓮に惚れるのである。修学時代の研鑽の結果、獲得した真実の道をひたすら歩んだ一人の宗教家の姿に、子規は絶大の拍手喝采を送る。子規のそのような道程とはどのようなものだったのか。

(二) 子規の俳句観

子規は明治二二年大喀血をする(慶応三年生れの子規の年代は明治の年代と合致するので、以下の年代は明治年代・子規の満年齢を表す)。少年時代には政治家を目指していたことは、「哲学の発足」(『筆まか勢』二〇年)に

> 余の目的は何なりしかといえば政治家とならんとの目的なり。叔父は戯れに余に向て「汝は朝にありては太政大臣となり野にありては国会議長となるや」と笑われしに、余は半ば微笑しながら半ばまじめに「しかり」と応えたり。

とのべている。この「哲学の発足」には、この後、一八歳にして哲学に目覚めたこと、しかも「余は幼児より何ゆえか詩歌を好むの傾向を現わし」ていたとあり、子規はやがて小説家志望に転じ、さらに俳句に転じる。子規が句作をはじめたのは一八年からである。そして二四年には生涯のしごととなる「俳句分類」に取り組みはじめた。「俳句分類」というのは室町時代から江戸末期までの発句を項目別に分類したもので、その数一二万句。これは病臥して身動きできなくなるまで、ほぼ一〇年間にわたりつづけられ、俳句や短歌の実作と同時に、子規の業績の土台をなす。このように文学に眼をむけた子規は、二五年、高浜虚子宛ての手紙に「僕は小説家となるを欲せず詩人とならんことを欲す」と送り、生涯の仕事として俳句を選択すると告げた。

大学を中退して「日本」の編集人となった子規は、実作と同時につづけていた俳句観として二五年に『獺祭書屋俳話』、二六年に『芭蕉雑談』を発表。大胆にも芭蕉否定論を吐くにいたる。

当時の俳句界は、俳聖といわれ、廟が建てられ、俳諧宗の宗祖とまで渇仰されていた芭蕉を崇拝する宗匠たちによって占められていた。その芭蕉を「単に自己の境涯を吟詠せし者なり。即ち主観的に自己が感動せし情緒に非ずんば、客観的に自己が見聞せし風光・人事に限りたるなり」（『芭蕉雑談』）とし、「文学者として論ずれば芭蕉は実に卑怯なる文学者なり」（『松蘿玉液』二九年）と撃破した。

子規は俳句をつくりはじめた当初は主観句を作っていたが、「自己の感じたる結果を現すことの蛇足なるを知り、単に美と感ぜしめたる客観の事物許りを現す」ようになったと告白し（「我が俳句」）、客観写生に目を向ける。その俳句観は「印象明瞭なる句を作らんと欲っせば高尚なる理想と茫漠たる大観とを避け、成るべく客観中の小景を取りて材料と為さゞるべからざること」、「俳句をして印象明瞭ならしめんとするは成るべくたけ絵画的ならしむることなり」（「二十九年の俳句界」）というものだった。やがて客観写生の句をおおく作った与謝蕪村に注目すると、「主観的美は客観を描き尽さずして観る者の想像に任すにあり」（『俳人蕪村』三一年）と結論づけ、これ以降、子規は客観写生を主張しつづける。事物を客観的な立場から凝視するのは、子規のもってうまれた性癖だったが、それが俳句にたいする姿勢となって結実していったのである。そしてそれがそのまま宗教観ないし仏教観に通じてゆく。

子規の宗教観としては幼少時より仏教にたいするつよい関心をしめしていたことが知られるが、先に引用した「哲学の発足」にも「幼時天の無限を論ぜしことと、物極度（ものにきょくど）なしと演説せしことの二事ある」と記していた。子規は幼児の頃より明確な宇宙観を抱いており、二六年の『芭蕉雑談』以降、さらに三三年ごろよりは研ぎ澄まされた宗教観を披瀝してゆく。子規の発したことばのなかから、このことを見つめてゆきたい。

(三) 宇宙即自己

子規は『松蘿玉液』(二九年)に、次のようにのべている。

宇宙は吾に在り。方丈の中に八万四千の大衆を容れて息の出来ぬ程に窮屈にもあらず。まだ八万由旬の蓮台も仏もはひる余地あり。さりとて入れ物が大きくなりたるにはあらではひる物が小さくなりたらんかし。一たび吾頭脳中に縮めたる宇宙を頭脳の外に投げ出せば宇宙は再び無量際に迄ひろがりぬ。さてや吾頭脳を取りて此宇宙に置けばこれはまた頭脳の小さゝよ。おもしろきものは相対なり煩悩なり、つまらぬものは絶対なり悟りなり。

これを記したとき、子規はまだ病床六尺だけの生活に入っていなかったものの、臥褥を送る日がおおくなっていた。右記は病床の世界からみた子規の宇宙観ともいうべきもので、無量際に広がる宇宙が自己に帰趨してゆくという、宇宙即自己という認識である。自己はあくまで小さな存在だが、その自己が宇宙と直結してゆく。「宇宙は吾に在り」ということは、吾自身がすでに宇宙のなかの存在者であるということで、吾と宇宙はひとつのものという認識である。こうした宇宙即自己という措定は俳句の基本的な視座につながるものだろう。大自然を前にして小さな人間がわずか一七音の世界を創造してゆくのが俳句。子規は右の文章で、そうした宇宙即自己という世界観を前提にして、そこから「おもしろき世界」と「つまらぬ世界」を措定する。宇宙を自己の煩悩のなかに封じ込める世界を相対的世界とし、そこを超出した悟り世界にたつときを絶対的世界と断定するのである。そして相対的な煩悩世界を「おもしろき世界」とし、絶対的な悟り世界を「つまらぬ世界」と策定する。人生とは煩悩にまみれた世界にこそおもしろみがあるのであって、悟ってしまえばつまらなくなるというのだ。人間はどこまでも煩悩があってこそ存在を発散させてゆくというのは、いかにも俳人らしい発想だ。

絶対的世界がつまらないのは、悟りの前には世界のひろがりがないということである。仏教では悟りは自由自在の世界と説かれる。凡夫は煩悩にまみれた迷いのなかで生死を繰り返すが、そうした迷いをふっきった真理を悟った世界に降り立てば、まったき自由な身になる。そのような悟りの道に邁進してゆくのが仏教の目的と説かれる。つまり悟りの境地は「涅槃寂静」とされ、とらわれのない心の静けき世界である。しかし子規はそうした悟りの世界・絶対的世界は「つまらぬ世界」と断じきる。なぜなら相対的世界には煩悩というひろがりがある。それはつまり迷いの世界にほかならないのだが、そのような煩悩がうずまく世界を子規は「おもしろき世界」と断じ切る。宇宙即自己の中心点に煩悩を置くことによって、そこから拡散してゆく多様な世界が厳として存在してゆくのだ。人間存在を俳句なり文学の立場でみつめれば、たしかに煩悩があるから作品世界は成り立つわけで、子規はそこに視点を据えて対象をみつめ、句として表現してゆくのである。このような発想はじつは坪内逍遥が「小説の主脳は人情なり。人情とは人間の情慾にて、いわゆる百八煩悩これなり」とて、この煩悩を描出するのが小説の主眼であると『小説神髄』（明治一九年）のなかで謳っていることを思いおこさせる。子規の胸臆には坪内逍遥の文学観に通じてゆくものがあろう。それは対象となるものを傍観する立場といってよい。

子規の近くにいた歌人・伊藤左千夫は「子規子の態度は絶対的傍観の見地に立てり」とし、「歴史を傍観し、階級を傍観し、天子を傍観し、古事記を傍観し、大宗教家大美術家如何なる種類と雖も悉く傍観す、嘗て仰視したることなく嘗て俯視したることなし。思ふに是れ真詩人の態度の態度正しき感覚を得んと欲す、必ず正しき観取に待たざるべからず、正しき観取は必ず正しき傍観に於てせざるべからず」（「絶対的人格―正岡先生論―」明治三九年「馬酔木」）といっている。左千夫のいう子規の絶対的傍観の見地は、子規の句作にたいする立場が、客観描写にあるという点とマッチしてゆく。客観的な広大無辺の世界を、主観という自己の小さな世界から観察してゆくとき俳句の誕生があるというのは子規の主張したところで、その歌論に「和歌俳句の如き短き者には主観的佳句よりも客観的佳句多しと信じをり候へば、客観的に重きを置くといふも此処の事を意味すると見れば差支無之候」（「歌よみに与ふる書」）、とあるとおりである。

そのような世界観にたてば、右に引用した『松蘿玉液』の「八万四千の大衆を容れて息の出来ぬ程に窮屈にもあらず」という世界が無限に拡散してゆくことになろう。そこにおいては「八万由旬の蓮台」も「仏」さえもが自己のなかに入る余地をもつにいたる。短歌や俳句における子規の世界観がとりもなおさず子規の宗教観を示すものというのはここにある。その根柢にある煩悩ひしめくひろびろとした世界が、どこまでもひろがりを見せてゆくということとつながりゆく。そうならばこそ俳句は毎日のように多産される。子規にとっての俳句とは世界を詠い、宇宙を詠うもので、どこまでも客観的視座がどっかりと腰を据える。そこにおいては宗教は信仰的な、あるいは悟りといった世界観にたった眼でみつめられるということはない。宗教的なあるいは仏教的な世界をも俳句の対象にしてしまう。そして自己という小さな世界から宇宙という宏大な世界をみつめて客観的に描写してゆく。そのとき俳句の誕生がある。このような見方、あるいはこのような手法で作句した点においては、俳句の歴史的な視点からでは、蕪村に通じるものが指摘されるだろう。『俳人蕪村』に示されたように、芭蕉が句作によって宗教的な沈潜にひたっていったのにたいして、蕪村は絵画的な手法をもって、きわめて非宗教的、非仏教的世界におのれをおき、大自然の景物に世界を託した写生句を作った。子規は蕪村にならい、病床六尺の世界においてそれを果たしてゆく。

子規が客観描写の対象としたものは何だったのか。存在を存在ならしめている、もっとも根源的なものといってよいのではないか。存在のその先にある宇宙の極致といったものである。宇宙の極致とは人生論的に捉えれば、生と死を包みながらそのうえに屹立する大生命といってよいだろう。生死を生死ならしめている根源的な世界を子規は志向してゆこうとするのである。そうした世界は、じつは芭蕉が晩年に到達した理念「かるみ」という大生命観にも繋がりゆくのではな

郵便はがき

5438790

料金受取人払郵便

天王寺局
承認
346

差出有効期間
2023年9月30日
まで

（有効期間中
切手不要）

（受取人）
大阪市天王寺区逢阪二の三の二

東方出版 愛読者係 行

〒

●ご住所

ふりがな
●ご氏名

TEL

FAX

●購入申込書（小社へ直接ご注文の場合は送料が必要です）

書名	本体価格	部数
書名	本体価格	部数

ご指定書店名	取次
住所	

愛読者カード

●ご購読ありがとうございます。このハガキにご記入いただきました個人情報は、ご愛読者名簿として長く保存し、またご注文品の配送、確認のための連絡、小社の出版案内のために使用し、他の目的のための利用はいたしません。

●お買上いただいた書籍名

●お買上書店名

県　郡市　書店

●お買い求めの動機（○をおつけください）

1. 新聞・雑誌広告（　　　）
2. 新聞・雑誌記事（　　　）
3. 内容見本を見て
4. 書店で見て
5. ネットで見て（　　　）
6. 人にすすめられて
7. 執筆者に関心があるから
8. タイトルに関心があるから
9. その他（　　　）

●ご自身のことを少し教えてください

◉ご職業　年齢　歳　男・女

◉ご購読の新聞・雑誌名

◉メールアドレス（Eメールによる新刊案内をご希望の方はご記入ください）

●**図書目録**をご希望の場合は送付させていただきます

◉希望する□　◉希望しない□

通信欄（本書に関するご意見、ご感想、今後出版してほしいテーマ、著者名など）

いか。芭蕉は「苦桃（にがもも）の老木となりて、蝸牛のからをうしなひ、蓑虫のみのをはなれて、行衛（ゆくへ）なき風雲にさまよふ」（『幻住庵ノ賦』）といい、「風雨に破れ安からむ事を愛すのみ」（『芭蕉を移す詞』）と。また「我が道は釈氏の無為の恩愛をもすてず、老子の虚無の高挙をもたのまじ」（『十論為辨抄』）ともいっている。これらは「かるみ」そのものだろう。終生、芭蕉を否定しつづけた子規だが、「長き夜や千年の後を考へる」（二九）「無為にして海鼠一万八千歳」（二九）「陽炎や石の魂猶死なず」（三五）などと最終的には芭蕉とほぼ同一の世界のなかへと溶けこもうとしたのである。徹底的に芭蕉を批判したとおもわれている子規だが、かならずしもそうではなく、「万葉以後始めて真面目の韻文を成したる者芭蕉の功亦た大なり」（「松蘿玉液」）と称賛することもあった。

俳句は主観からはいった人は客観に辿りつき、客観からはいった人は主観へとすすむと考えれば、主観からはいった芭蕉も、客観からはいった子規も、ほぼ同じ場所に帰着し、主客を超越した世界に降り立ったことになる。かくして主客を超越した世界が描写されたとき、俳句の窮極の世界が吐露されてゆく。短詩形としての俳句は本質的に根源的な世界を追究してゆく文芸として捉えられるわけである。所詮俳句には主観も客観もないということ。芭蕉への糾弾から出発した子規も、病苦に耐えられなくなったときには「余命いくばくかある夜短し」、「萩芒来年逢んさりながら」、「萩咲くや生きて今年の望足る」などという主観句を作らないわけにはゆかなかった。

（四）子規の宗教観

芭蕉は宗教（仏教）の極致と文学（俳句）とが相即していると説いたが、俳句は客観的に描写するものと説いた子規の方法は、子規が俳句を作る以前から本来的にもっていた性情そのものから導かれたものだった。そうした内在的性情が宗教観にたいしても取り込まれてゆく。芭蕉は俳句を世の実相を詠み込むものという考えにたって「造化に随ひて四時を友となす」（『笈の小文』）という姿勢を崩すことはなかったから、そこから芭蕉の句が仏教の説く諸法実相と重なる部分もでてゆくことにつながった。芭蕉にいわせれば、俳句作品に仏教的真理が漂ってゆくことは当然の結果だった。しかして子規は宗教をも客観的な立場から凝視してゆく。それは徹底的なもので、「宗教を信ずる者は唯だ其教義を奉ずる所の神に忠なるのみならず。同宗旨を信ずる者を愛し其宗教の発生地を尊び、甚だしきは其宗教発生地若くは宣教師に付属する風俗習慣等総ての者を模擬して自ら得たりと為すに至る」（「日本」三一年）というのである。

このあたり、明治という時代を背景にして、同時代人として仏教に対する新らしい解釈をキリスト教との関係から論じた井上円了の『仏教活論序論』（二〇年）は、「われをして活動せしむるものはこの心なり。われをして笑ひ、われをして語り、われをして泣かしむるものはこの心なり。この心ありてわが身体あり、この心ありてわが生命あり」とあり、また浄土真宗の清沢満之が「吾人の世に処するの実行主義にして、その第一義は、充分の満足を精神内に求め得べきことを信ずるにあり」（『精神界』）と精神主義を主張したのは三四年である。仏教は明治初期、このように主情的・精神的に捉えられたが、子規はこれに反しどこまでも唯物的に裁断してゆく。宗教を主観的な眼を通して見ようとはしない。精神的なあるいは信仰的な対象としないといってよい。宗教的世界は、結局は宗教家それぞれの宗教観から派生してゆくもの、という観念を抱いていた。考えてみれば、釈迦のさとりは釈迦だけの唯我独尊の世界であり、他人が代替できる世界ではない。釈迦滅後において教団が組織化されると、はじめて形を整えた仏教というものが成立するが、そこには釈迦のおしえは踏襲されても、釈迦のおしえの全体像を捉えることはもはやできなくなっている。釈迦が晩年「法灯明・自灯明」を説いたゆえんである。子規の宗教観は、宗教が宗教という衣を着る前の、宇宙を宇宙ならしめている根源的な世界を見ようとするものなのだ。いったん宗教家によってそれぞれの教義という衣が着けられると、基底にある純粋な世界は雲散霧消しかねない。宗教は宇宙のもっとも根本に存するものを対象とし、衣を着る前の世界こそが宗教本来のものでなければならないというのである。子規は衣を着けた後の世界を説く宗教一般に目を向けようとしない。

この点について明治二八年八月九日付高浜清（虚子）宛の書簡に子規は次のように伝えて虚子を鼓舞している。すこし長いが、子規の精神の所在をよく示しているので、手紙文とはいえ提示しておきたい。

人智の未だ発達せざる時は単に不完全なる差別の見ありて一向にまとまりのつかぬ者也。其稍発達するや差別の見を破りて平等の眼を開く是進歩の第一歩にして即ち小乗の悟り也。而して此時更に差別なるもの眼中に在ることなし。十六七年より二十四五歳迄の少年は多く此境に遊べり（但し下愚の者は一生不完全的差別の境を離れず此域に進む者は中根上智の人のみ）。しかく平等なる宇宙をつくづくと見つむる時は渾沌の中に一物あるを認む。此時の感情は恰も明処より急に暗処に入りて一物をも見ざりしものが少時ありて何やらぼんやり黒き物を認めたるが如し。而して猶見つむる程に一物は二物となり二物は三物となり方圓の形、紅白の色一一之を弁別し得るに至るべし。是れ完全なる差別の見にして進歩の極度即大乗なり。是に於てさきの渾沌たる一大団塊は変じて天地となり日月となり山獄河海となり人畜修羅となる。むかし小乗に於て暗黒世界と認めし者今は紅花緑柳の天地となる。さても不思議なる大変象かなと見ゆれとも其実大変象でも何でもなく只眼を開けば紅花緑柳となり眼を閉つれば渾沌の一塊となるのみ。夜が明くれば山川草木現はれ日没すれば暗黒の一団となるのみ。而して渾沌暗黒なるものと山川草木等の万有と毫も別物なるにあらず彼は此にして此は彼なり。さて此域に遊ぶ人は上智の者に限れり。千万人中一人もあるかなきかなるべし。

子規は宇宙を支配するただ一物に刮目するのである。それは仏教宗派あるいはそこで説かれる教義としての宗教ではない。宗教を宗教ならしめているもっとも根源的な事実、つまり「渾沌の一塊」を視野にいれる。「我に神なし仏なし」と子規は詠ったが、そうした神や仏は、神や仏になる前のものにこそ真実は宿るという認識である。子規の本心は神以前の神であり、仏以前の仏なのだ。さきに、このような観照は俳句観からきているとのべたのだが、じつは子規のこのような唯物的な思想は、幼少時に蓄積された炯眼からきているのである。このことを次にみてゆく。

（五）子規の宇宙観

子規は事物を客観的視野からみつめてゆくが、人間存在もまた唯物的に鳥瞰する。

人間は宇宙間に或る一種の調和を得て生り出でたる若干元素のかたまりなり。元は同じ酸素炭素等なれども生り出でし時の情況に因りて権兵衛ともなれば太閤様ともなり乞食ともなれば大将ともなる（「養痾雑記」二八年）

子規は人間といえど「元素のかたまり」と喝破している。このことばだけを俎上にのせればたんなる唯物論にすぎないが、子規はそのような宇宙には「一種の調和」があり、そこから「時の情況に因りて権兵衛ともなれば太閤様ともなり乞食ともなれば大将ともなる」と断じる。「一種の調和」ということは、物という個が、個としてポツンと存在しているわけではないという認識である。調和というかぎり、そこに働くものが想定されている。子規はそれを「時の情況」という。これは極めて抽象的な表現だが、その調和が何によるのかについて、子規はおそらく調和ならしめているあるものを想定していたにちがいない。この文章のなかではそれは示されていないものの、「時の情況」には、たとえば縁もしくは因縁という言葉に代表されるような仏教的なものがからんでくることは考えられるだろう。

子規の発言について考えるとき、子規は二つのみかたをしていることに注意する必要がある。

子規は常にものごとを唯物的に思考する一方、その裏に潜んでいる精神的・根源的なものの存在を視野にいれている。評者はその前者のほうだけで判断し、無宗教家子規という烙印を押してきたのではないか。子規がけっして唯物論者ではないことを示唆する文章が『筆まか勢』にある。

天下の事物大も無限なり、小も無限なり。されど人の之を悟るは先ず大の無限なる方にて小の方は気のつきがたきもの也。蓋し前者は有の観念に属し後者は無の観念に属するを以てか、余少時（十歳か十二歳頃と覚ゆ）天の無限なる事をいひしに、友の一人「否とや、限りなきことはあらじ、どこまでもと遠く行けば必ず壁の如き者あるべし」と。余再び尋ねて「さらば其壁のさきには何なるや」と問へば友黙したることありたり。（『筆まか勢』より「大小」二〇年）

世の事物は大であれ小であれ、有であれ無であれ、すべて無限に拡散してゆくというのである。このうち「大」は望遠鏡でしかみることのできない宇宙そのものであろう。現代の宇宙科学においても宇宙は常に拡散していて際限なき拡がりのなかにあるといわれているように、宇宙は壁などというものに突き当たることなき拡散をくりひろげている。子規は存在の根源的なものは何かと考えるのだが、それはさきの「宇宙間に或る一種の調和」につながりゆく。「余少時（十歳か十二歳頃と覚ゆ）」とあるが、このことは先に引用した「哲学の発足」にも同様なことを発言していた。子規は幼少時よりこのような考えのもとに宇宙の根源が何であるかという窮極の世界に興味を示していたのである。この文章のあとに、「余は明治十五年の頃『物極度なし』と題して中学校にて演説せしことあり、こは物の大なることに極度なしと論じたるのみにて、小なる方へは論及せざりしことを記憶しゐれば也」とあり、中学校で演説したときには「大」なることを主題としたのみだったが、今の時点では「小」にも適用されると主張する。その「小」とは何だろう。顕微鏡でみることのできる極小の世界といってよいのではないか。「大」が宇宙に際限なしというのであれば、「小」もまた同じように際限なく拡散してゆくものと子規はいうのである。

では「小の無限」とは何を指すのか。無という世界を際限なく進んでゆけば、それは生の先にある死の世界につながるだろう。子規は死の世界もまた無限につづくと考えているのである。人間の生は生の終末である死、さらにその死の先にある死後においても無限に存在しつづけるという洞察。これが一〇歳とか一二、三歳頃に芽生えさせていたということは注目してよいのではないか。この発言は病床六尺の生活に追いやられる以前の発言である。死を目前にした人なら納得もできようが、子規は幼少のときよりこのような生死観を抱いており、そのような枠内で世界や宇宙を見わたそうとしていた。これはおそらく終生、変わることのない子規の人生観であり宇宙観であった。俳句における客観描写という姿勢もまたその延長上にあることはいうまでもない。

右のような考えかたは仏教的なものから誘引されたと考えてよいだろう。じじつ、後にもいうように子規は若い頃には仏教に強い関心を示していた。しかも関心は示すものの、身をそこへひきよせようとはしない。どこまでも唯物的な思考を優先させてゆく。この頑強な精神が子規の心を支えていたともいえる。後に病床生活を余儀なくされるようになっても、この強靭な精神を崩すことはなかった。身動きさえ叶わなくなっても、子規は冷静に客観的に自分自身を対象として、たとえば「病床のうめきに和して秋の蝉」などと詠むことのできる人だった。そこに子規の子規たるゆえんがあるというべきだろう。

このように子規が、幼少のときより世界や宇宙をそして人間を、唯物的な視点から冷静に見つめていたことは宗教否定の論として片づけられやもしれぬ。しかしこれをそのまま鵜呑みにしては子規の本質的な精神に肉薄してゆくことはできない。子規は「耶蘇教でも仏教でもただ頭から嫌いで仕方がなかった」(三五年——『病床六尺』)と発言しているのだが、このような発言のうらには、それだけ仏教やキリスト教に親炙していたのである。研究というほどのものではなかったにしろ、宗教的な書物はずいぶん読んでいた。宇宙を「元素のかたまり」といい、子供の頃から「唯物論に傾いていた」という発言には、作為的なものを感じさせる。どういう作為であるかは、「死後」と題する文章(三四年)を読めば了解できる。それは人間の死後について論じた文章で、子規は死後の存在を「主観的」と「客観的」の二方面から見つめ、次のようにいっている。

死を主観的に感ずるというのは、自分が今死ぬる様に感じるので、甚だ恐ろしい感じである。動気(動悸　筆者注)が躍って精神が不安を感じて非常に煩悶するのである。これは病人が病気に故障がある毎によく起こすやつでこれ位不愉快なものは無い。

肉体の死はだれにも訪れてくるものだから、いざその時を迎えたならば「甚だ恐ろしい感じ」を受けるだろう。よほど悟った人でも、これは免れないにちがいない。しかし子規が主張しているのは、このような生物的な存在としての人間の死、つまり主観的な立場にたっての死ではなく、死という現実を客観的な立場にたって見つめようとする態度である。死を冷静に見つめようとする立場といってよい。その客観的な死とは、

自己の形体が死んでも自己の考は生き残っていて、其考が自己の形体の死を客観的に見ておるのである。(「死後」三四年)

死を主観的に捉える場合には、「恐ろしい、苦しい、悲しい、瞬時も堪えられぬような厭な感じ」になるだろう。これにたいして客観的立場においては「よほど冷淡に自己の死という事を見る」ということになる。「多少は悲しい果敢ない感も」ありはするものの、「むしろ滑稽に落ちて独りほほえむような事もある」とさえ子規は平気でいう。ここには深い意味が蔵されている。

子規は人間一般の死(主観的死)をも、客観的立場のうえから凝視しようとするのである。死をどこまでも客観的に、第三者的にみつめようとする。死を自身の身の上のこととしてではなく、どこまでも客観視する。子規が宇宙をみつめる眼は、どこまでも第三者的な視点を通さねば納得しないというのは、根からの性格だったことは先にみたが、このことが俳句の世界へも宗教の世界へも影響を及ぼす礎になったわけである。宗教も俳句も、子規の冷静沈着な眼をとおせば同一世界からの視座になる。

子規は俳句において客観的な写生を強調したことによって、俳句界に新風を送ったことで評価されるが、芭蕉を批判した文章に

主観的に自己が感動せし情緒に非ずんば、客観的に自己が見聞せし風光・人事に限りたるなり（『芭蕉雑談』）

俳句は主観的な描写としてでなく客観描写にこそ俳句の生命があるというのである。このことはさらに

印象明瞭なる句を作らんと欲せば高尚なる理想と茫漠たる大観とを避け、成るべく客観中の小景を取りて材料となさゞるべからざること既に之を言へり。印象の明瞭といふ事は美の一分子なれども一句の美を判定するは印象の明不明のみを以てすべからざること勿論なり。印象明瞭といふことは絵画の長所なり。俳句をして印象明瞭ならしめんとするは成るべくたけ絵画的ならしむることとなり。（「二十九年の俳句界」）

写生とはつまり「絵画的ならしむる」ように、対象を客観的に見つめることであり、そこにおいては自分という主観は捨てられ対象化されてしまわなければならない。俳句が主観的な視点で作られてゆくときには、「自己が感動せし情緒」に左右されてしまうというのである。「死」についていえば、主観的には「動悸が躍って精神が不安を感じて非常に煩悶する」世界ということになるだろう。しかし子規は死をどこまでも客観視する。そこに子規の確固とした立場がみられる。

ではそうした客観的視野に置かれる子規自身のさらなる奥にある世界はどこに存するのか。対象を見つめるといっても、見つめる主体はどこまでも自己であり、客観といえども、それは自己が自己を見つめているわけで、歴史家が事物だけを研究材料として研究し、天文学者が宇宙を観

察し、医者が患者の肉体を診察するなど以外には、純粋の客観などありはしないというべきだろう。写生といっても、それを描写するのは自己以外にはない。子規は主観を超えた客観のなかに主観をも含有させようとする。主客を超越した視点とでもいおうか。そこに子規の炯眼が光る。子規という存在が子規をも超越した存在者になってゆくのだ。客観写生の世界においては、作者もまた壊滅してしまわなければならない。そこに子規の俳人としての気概がある。しかし自己を捨て去ることは可能だろうか。自己を捨てたうえに存する自己は、もはや自己ではなく、第三者としての存在者になる。捨てた自己を捨てられた自己が観照する。そのような視点はすこぶる強靱な精神の持ち主でなければ抱けないだろう。子規における客観的態度は、一〇歳か一一、二歳という幼児から世界を唯物的に観察しようとした根からの性格に根ざすとはいいながら、そこからさらに己の身動きさえままならぬ病体という状態のなかから、このような場所に到達することができたというべきだろう。ここでは子規はもはや悟り世界に入っているとしかいいようがない。

子規はそのような場所に自分を置いて、そこから自分の死自体を観察してゆく。死における主観客観の問題を提示したあとで、子規は死を客観的に思考する。すなわち三二年に「墓」という文章を「ホトトギス」に掲載し、自分の死後を想像した文章を残している。そこには「地獄漫遊と出かけて、一周忌の祭の真中へヒヨコと帰つて来て地獄土産の演説など」する自分を描写し、あの世からこの世を見つめる自分の姿を描いている。いかにもあの世を真実みてきたような描写で、古代の『霊異記』『今昔物語』『極楽記』『法華験記』等々に描写されている蘇生譚や、また現代における臨死体験者の発言などをおもいおこさせる文章である。その最後は次のように結ばれる。

僕が死んだら道端か原の真中に葬つて土饅頭を築いて野茨を植ゑてもらひたい。石を建てるのはいやだが已む無くば沢庵石のやうなごろごろした白い石を三つか四つかころがして置くばかりにしてもらはう。若しそれも出来なければ円形か四角か六角かにきつぱり切つた石を建てゝもらひたい。彼自然石といふ薄ツぺらな石に字の沢山彫つてあるのは大々嫌ひだ。石を建てゝも碑文だの碑銘だのいふは全く御免蒙りたい。句や歌を彫る事は七里ケツパイいやだ。若し名前でも彫るならなるべく字数を少くして悉く篆字にしてもらひたい。(「墓」三二年)

子規は自分の存在がこの世だけではなく、あの世へまでつづいてゆくことを信じていたふしがある。それにつけては二二年の「喀血始末」という戯曲がおもいだされる。これは『子規子』という文章中に登載されているもので、子規が閻魔大王の法廷に引き出され、赤鬼・青鬼を交えて、罪が裁かれてゆく様子を興趣のそそられる描写に始終したもの。あの世のありさまが、古代の説話集さえ顔負けするようなタッチで客観的に生き生きと描かれているのは単に想像上のことではなく、明治三一年七月一三日に河東可全宛の手紙に、自分の墓碑名を作成した文章を送ったことでも知られよう(注)。この墓碑名は有名なものでよく知れわたったものだが、ここには明らかに死後の存在を確認している姿が浮かびあがる。生死超越などということばは観念的な諦観のように受けとられがちだが、子規にあってこれはけっして戯れ言、絵空事ではないのであって、すっぽり子規全体を包み込んでいる心の叫びそのものだったにちがいない。

（注）（墓碑名）（河東可全宛の手紙に）死後の石碑は石ころがいいと絵入りで書かれ、別紙に墓誌名が同封されていた。次のとおり。

「正岡常規　又ノ名ハ処之助又ノ名ハ升又ノ名ハ子規又ノ名ハ獺祭書屋主人又ノ名ハ竹ノ里人　伊予松山ニ生レ東京根岸ニ住ス　父隼太松山藩御馬廻加番タリ　卒ス　母大原氏ニ養ハル　日本新聞社員タリ　明治三十□年□月□日没ス　享年三十□　月給四十円」

（六）子規の仏教的関心

子規はたしかに後世の存在を信じていた。それは死後ということではなくて、生も死も包みこんだ世界といってよい。世の実相と換言してもよい。子規はそのような世界が現実のこの世の何処にあるかを、子供の時代からまさぐっていた。それが畢竟、宗教的なものにかかわりゆくのは、至極当然のことといわねばなるまい。なかんずく仏教に対する関心は、若いときより抱いていた。それを示す文章があり、その文章は「仏経の解し難きは今更いふまでもなし」という前置きからはじまる。そして

仏教が尤も発達したる宗教なることは疑を容るゝ所なかるべし。何が故に発達したりといふや、仏教は遠く数千年前に起りしにも拘らず感情のみに訴へず道理にも訴ふればなり。其道理の正否はこゝにいひがたしといへども、兎に角複雑高尚なる哲理を含有するものに相違な

し。且つ其布教の手段に就きても聖道浄土の二門を分つが如きは実に深謀遠慮ありといふべし、之を文明世界の宗教といふも誰か肯んぜざらん。（『無花果艸紙』二三年）

これは子規が東京大学予備門に進学しはじめた明治二三年、松山において発行されていた「法の雷」という仏教雑誌からの依頼に応えたものである。そもそも仏教の雑誌編集者が子規に寄稿を依頼したということ自体、子規の仏教に対する造詣の深さが周囲に知られていたわけで、なによりもそのことを読みとる必要があろう。仏教を「道理」といい「複雑高尚なる哲理」というところに子規の仏教観がある。そして仏教が「深謀遠慮ありといふべし」とし「文明世界の宗教といふも誰か肯んぜざらん」と高く評価するのである。この文章は「仏教を知るを欲せざるにあらず其適当なる書物なき也、其適当なる説教なき也。而して書籍の悪き説教の悪き其罪を誰にか帰せん」と結び、せっかくの高尚な哲理を説く仏教なのに、それが内に籠もったままで、一向に世に敷衍してゆかないもどかしさのなかから、仏教界にたいして大いなる注文をつけ、叱咤激励して結ばれている。

その後の明治二三年四月二六日の夜には、常磐会寄宿舎（東京の松山出身者にあてがわれた寄宿舎）の茶話会において、「さとり」と題した演説をしている。「悟りには決して二様ありませんが、其方法は二た通りあります。一は自力であつて他の一は他力であります」からはじまり、なかに次のような箇所がある。

自力の事を仏教で聖道門といひ他力の事を浄土門とかいふさうです。〈中略〉聖道門の極端にある者は禅宗、浄土門の極端にあるものは真宗であります。〈中略〉悟り方は全く反対だけれども悟つて見れば悟りに二つはないです。〈中略〉私は通例の日本に行はれてゐる様な耶蘇教は余程真宗に似てゐると考へます。ゴッドという者をこしらへて万物の源とするのは阿弥陀をたてると同じこと。〈中略〉悟りといふは仏教の上に限りたることでなく、経文を読まずとも随分悟れるものであるからして、私が初めに悟りといふは仏教を離れてもいふことのできるものだらうといつたのはこゝです。(『無花果艸紙』—さとり—二三年)

二三歳の子規は仏教には聖道・浄土の二門があるとはっきりいっている。聖道・浄土の二門についていては、仏教史全体からみた場合には、仏教を聖道・浄土の二門に分類したのは浄土宗の教義からでてくるもので、歴史をたどれば、中国の道綽がこれを始めて説き、日本の鎌倉時代に法然がこれを大成した。この教義は仏教全体における浄土門の優位なることを明かそうとしたもので、聖道・浄土の二門の分類は日本においては、鎌倉時代以前にはみられない。法然以降の仏教解釈である。ただしその後の歴史において、浄土門の流れが聖道門を追い抜いてゆき、子規の右の文章からもわかるように、明治初年代の松山においても仏教といえば聖道・浄土の二門と信じられていたようである。法然から発した念仏の勢力はこの時代には日本全体にも及んでいた。

それはそれとして、子規の「さとり」に対する炯眼は、右のように、聖道・浄土に限るものではないと解釈し、さらにはキリスト教にも通じてゆくもの、と解釈している。ことに真宗における阿弥陀仏とキリスト教におけるゴッドが類似していると、この時代すでに子規は達観している。

子規の仏教への理解度はそれほど稀薄ではなかったことを示すものといえる。また「悟りといふは仏教を離れてもいふことのできる」という解釈は、逆に仏教のおしえこそは世界のなかに生きてゆくべき宗教だとの認識を示したものだろう。子規の仏教への愛着は、もって知るべきである。

このことは同年の明治二三年に「悟り」と題した文章にも躍如としている。

悟りとは智識の上に関係するものにあらずして、意識の上に関するもの也。我々の煩悩即ち我々の欲心、その外、我れの恐るべからずして恐れ、悲しむべからずして悲しみ、喜ぶべからずして喜ぶが如き、其の理は知りながら之を実行する能はざるもの多し。而して若し悟りを開く時は、是れ等の煩悩一時に去りて、身に一点の汚れなく恐れなきこと、暗夜一転して白昼となるが如きものならんと思はるゝなり。

子規は「悟り」に拘泥している。悟りは仏教の目的そのものだから、子規が「悟り」にこだわるのは、子規がたしかな仏教徒だったことを示しているといってもよい。「暗夜一転して白昼となるが如きもの」という認識は、なお観念的な捉えかただが、二三歳の若者の仏教観とおもえば、納得もゆこう。しかも子規はそうした表面的な書物による理解に留まることなく、経典をもしっかり読み込んでいた。先に引用した「法の雷」の文章の後に次のようなことが記されている。

地獄極楽の語を耳にするや久し。一たび阿弥陀経を繙けば則ち知る、極楽浄土は金銀瑠璃を以て飾り赤珠瑪瑙を以て鏤め、車の如き蓮華花笑ひ笛の如き迦陵頻伽鳴くの処なるを。又観音菩薩の名を聞くや慣れたり、一たび観音経を開けば則ち知る、観世音を念ずる者は水夫も溺れず消防夫も焼けず獄中の囚人もぬけいづるを得べく、十字架上の罪人も力鋒を免る、を得べきことを。（『無花果艸紙』―雷の太鼓― 一三年）

子規の経典観は、経典に描かれている内容を深く吟味するところから始まり、これらの経典が説いていることが、果たして世界の真実を説いているか否かと問いかけるのである。そして「余は是等の経を読むこと恰も小説を読むが如く思ふ也。是れ果して方便か」と経典自体の真偽を問うている。仏教にたいする当時の一般的な理解は、経典はただありがたいものという信仰として存在していただろう。経典批判などは一般の人々だけでなく、仏教を研究する専門家でも発言を躊躇したに相違ない。そのような時代背景のなかで、子規はこのように大胆な発言をするのである。そこには経典にたいする徹底した客観的立場がみられる。信仰的な立場から経典に接近するのではないのだ。そして「世の中に頭を剃り円めうつくしき袈裟かけたる人は多し。されど其智慧は頭の如く円ならず、其心腸は袈裟の如く美ならず。これをしも出家僧侶といふべきや」と断じ、さらに「口に地獄極楽を説き、目に如来観音を拝む者多し、されど其内幕を探れば煩悩の焔盛にして身は地獄に落ち、物いはぬ如来観音の偶像よりも笑ひか、る弁天大黒の活仏に廻向する者あり」と容赦なく弾劾してゆく。そして「これをしも出家僧侶といふべきや」と強い調子で皮肉る。子規のこのような炯眼は、けっして明治時代に限定されるものでもあるまい。江戸時代に幕府の保護を受けた仏教は、つづく明治時代においても仏教諸派のそれぞれの小宇宙のなかで、それぞれのもつ教義の正当性を主張しつづけるばかりに終始した。しかも明治初期に肉食妻帯までもが浸透してゆくと、大正・昭和・平成・令和へとつづく時代においても変化を遂げることなく、今日の葬式仏教化への道をたどることになる。このあたり子規の慨嘆に、日本の現代仏教界もまた素直に目を向けるべきだろう。そういう意味からも右の文章のあとには、子規のさらなる炯眼が満ちてゆく。

「法の雷」は仏教雑誌からの依頼に応えたものだから、子規は仏教界にたいして具体的に二種類の注文をつけている。①は「年老ひて徳望高き大僧侶諸君に申さん」というもので、高僧にたいする注文。そこには「簡易明瞭の一著作を為す能はざるは余の大いに遺憾とする所也」とあり、判りやすい仏教書を世に出せとせまった。②は「年少く将に為す有らんとする小僧侶諸君に申さん」と、若い僧侶を「諸君」と呼びかけた。そして彼らには「仏教の外に普通学をも修め」る必要性を説き、「今の世に処するに頑然として昔し風の僧侶を以てするは虎列拉病の流行を漢方医に予防せしむるが如し。小僧侶諸君よ諸君は実に望みあるの青年なり。宜しく奮発興起切磋琢磨して大いに為す所あるべし」と伝統に乗っかかっているばかりではいけないと叱咤激励した。仏教が世の中の人々を真に納得させようとすれば、ただ内に籠もっていてはダメだというのである。しかし仏教は各宗派にわかれ、宗派どうしの接触はうすく、そうした状況のなかで、各々の宗派が井の中の蛙を誇るばかりの現状を、子規は憂う。その根のところには「野心を抱く僧侶等が互に党派をなして勝敗を争ふが如きは見苦しき次第ならずや」とおそらく当時、仏教諸派にうごめいていたであろう政治的暗躍の実体を批判するのである。「先ず初めに仏教の基礎となるべき原理を簡明に説き其原理の成り立つ所以に遡り、次に其原理より如何に演繹して何々の事を生じたりといふことを縷述し、次に其れよりして顕はれ来る聖道浄土其他種々の区別差異を漸次に説くべし」と、信仰としての仏教本来の姿を目指すよう諫めるのである。

さらに「雷の太鼓」のなかには次のような文面を目にする。

今日に仏教信徒の多きは日本人が仏教の他教に勝る所あるを知るの故ならず、只日本には古来仏教より他に宗教あるざるのみか、其上に学問なき人々が親よりの遺伝と少時より仏教臭気の中に養成せられたれば也。〈中略〉此の如く高尚なる進歩したる仏教が何故に勢いを減ぜんとするや、今日有為の少年が多く仏教に入らずして耶蘇教に入るは何ぞや、仏教を非理とするにあらず仏教を知らざる也。仏教を知るを欲せざるにあらず。其適当なる書物なき也。其適当なる説教なき也（『無花果艸紙』―雷の太鼓―一二三年）。

子規が深く仏教を愛し、日本に仏教世界が蔓延してゆくことを期待し希望していたことを示す文章である。それが「今日有為の少年が多く仏教に入らずして耶蘇教に入るは何ぞや」という問いかけにたいして、仏教界は相も変わらず「其適当なる書物なき也。其適当なる説教なき也」という状態を憂うのである。「仏教が尤も発達したる宗教なることは疑を容る丶所なかるべし」という子規の立場が悠揚として迫ってくるではないか。しかし現実の仏教界はこの子規の期待に応えようとしない。この現実の姿を目の当たりにして、子規は仏教を見かぎったのではなかろうか。子規は仏教を信仰という立場としてではなく、どこまでも一つのおしえとして客観的な眼を離すことはなかったが、それゆえにこそ、現実の仏教界の怠慢にたいする悲哀感は大きかった。そういう意味からは、さらに「無花果艸紙」に次のような文章をみる。

今日の人間は感情的より道理的に進みつゝあるなり。故に宗教を選ぶにも初めより其説教を聞き経文を読み、尤も理くつの正しいと思惟するものを取るなり。古の僧侶は雲水行脚に身をやつし難行苦行の功を積みて我心を練り、兼ねて凡夫をも度したり。今の僧侶は〈中略〉施主に法捨をねだり信者に何派議員の選挙を強ゐるが如き所行をなす嗚呼腐敗の空気は漸次に仏教界に伝播するの傾向あり。見よ。近者各宗に管長の騒ぎ住職の縺れあるに非ずや。畢竟僧侶中に其人なき故とはいへ、野心を抱く僧侶等が互に党派をなして勝敗を争ふが如きは見苦しき次第ならずや。偶々世に聞ゆる人の行跡を見るに皆一時の法螺に過ぎず。印度に行きて釈迦の墓を拝むも名聞の為也。

このような文章に接すると、子規の仏教ないし仏教界にむかう態度は尋常なものではなかったことがしられよう。しかし現実の仏教界は子規の情熱を薙ぎ払う姿を露呈するものでしかなかったわけで、よほど仏教界の実情を把握していた子規は、この「腐敗の空気」という実情にたいして「見苦しき次第ならずや」と「嗚呼」と叫ぶのである。

キリスト教が布教に専念する姿を横あいから見つめながら、仏教に期待し、仏教国日本という環境を理想としていた。それに応えることのできない仏教界は、もはや名だけのものとなる。子規としてはそれは残念至極であったろう。子規はここにきて仏教に背を向け、自ら無宗教家というレッテルを自らに貼り付けたのではないか。そこには偉大なる子規の精神が宿っていたといわなければならない。そうした子規の精神が理解されないまま、「宗教を信ぜぬ余には宗教も何の役にも立たない」という子規のことばだけが独り歩きしていったのではないか。しかし子規は仏教を見かぎったのではない。冒頭紹介したように死の年には仏教各派の宗祖たちに「讃句」を呈しているし、死の年にはまた「解しかぬる碧巌集や雑煮腹む」とも詠った。身動きさえできない身の上の子規が、難解な禅書に対していたのである。死の直前まで仏教に関心をもちつづけていた子規であった。

（七）子規と浄土真宗

子規は煩悩世界を「おもしろき」といったが、それは悟り世界から対象を見つめているといってもよかろう。子規は死の年の六月二日に「余は今まで禅宗のいはゆる悟りといふ事を誤解して居た。悟りといふ事は如何なる場合にも平気で死ぬる事かと思つて居たのは間違ひで、悟りといふ事は如何なる場合にも平気で生きて居る事であつた」（『病床六尺』・二一）とのべている。生きてゆくということの本質はどこにあるのか、そう問いつめた子規は、煩悩即菩提を説く仏教者を超越した仏教者であるといわねばなるまい。子規は病床六尺を生きてゆくところに「おもしろき」意義をみいだそうとし、病床のなかでそれを実行してゆく。俳句や短歌に目を向けつつも、周囲のさまざまなものを写生したり、食欲旺盛ぶりをふりかざしたりしたのも、生の意義を具体的な生のなかに発散してゆく子規の偽りなき姿であった。

子規はいう。

宗教家らしい人は自分のために心配してくれていろいろの方法を教へてくれる人があるが、いづれも精神安慰法ともいふべきもので、一口にいへば死を恐れしめない方法である。その好意は謝するに余りあるけれども、見当が違つた注意であるから何にもならぬ。今日の我輩は死を恐れて煩悶して居るのでない。それよりも自分に注意を与へるその宗教家などの様子を見ると、かえつて何だか不安心なやうな顔付が見えて居て、あべこべに此方から安心立命の法を教へてでもやりたいと思ふのである。（『病床苦語　三五』）

また

如何にして日を暮らすべき。誰かこの苦を救ふてくれる者はあるまいか。此に至つて宗教問題に到着したと宗教家はいふであらう。しかし宗教を信ぜぬ余には宗教も何の役にも立たない。基督教を信ぜぬ者には神の救ひの手は届かない。仏教を信ぜぬ者は南無阿弥陀仏を繰返して日を暮らすことも出来ない。あるひは画本を見て苦痛をまぎらかしたこともある。しかし如何に面白い画本でも毎日々々同じ物を繰返して見たのでは十日もたたぬうちに最早陳腐になつて再び苦痛をまぎらかす種にもならない。（『病床六尺　三九』）

子規庵には「日本」に連載されている子規の病状を気にかけた人々が毎日のようにおしかけてきた。なかには宗教家たちが心を動かせて訪ねてくる。キリスト教の宣教師が、キリスト教における永遠の幸福を勧めたとき、子規は「永遠の幸福を謀るに暇あらず」と突っぱねた。

「病床苦語」三五年四月二〇日に浄土真宗の坊さん（年譜には「暁烏非無か」とある）が来訪してきたとき、坊さんのほうから子規に向かって「君に宗教はいらないでしょう」と切り出した。この坊さんははなから子規を無宗教家と決めつけていたようにみえる。子規は宗教が「理窟詰にしようという」ものだから、「耶蘇教でも仏教でもただ頭から嫌いで仕方がなかった」ときりかえす。そして「哲学者どもの色々言って居る事」も、「言って居る当人にも本統に分からないのでないか」と切り捨ててしまう。客観的視点にたつ子規の宗教観が読み取れるところである。やがて二人の議論は宇宙論へとすすみ、宇宙間の原因結果の関係という必然の真理を子規は認め、人間という存在はこの宇宙の真理に「支配せられている」と発言し、仏教の「善因善果」に理解を示す。しかし「因果の道理は単に倫理の上を支配するやうな簡単なるものではない」とし、宇宙を支配するものはもっと大きな世界観のなかでおこなわれているのではないかと、ここは（五）の「子規の宇宙」においてのべたことに通じるもので、「或る原因から右に行かねばならぬやうに、または左り（ママ）に行かねばならぬやうに」、「必然の結果を生じたのである」と明言し、世界全体をとりまく自然という宇宙の外へは人間はでてゆくことのできない存在者だと、自分は「唯物説の傾向を脱せぬと見える」と結論的に断定をくだす。そして「僕は人間の意志の自由ということを許さない」という。すると坊さんは「今のお話しのうちの意志の自由を打消すといふ事は吾々の宗旨で平生いふ所の他力信心に似て居る」と言って帰っていった。

ここに子規の宗教観の一端がみられよう。宗教家がいろいろと理屈を並べるところを批判し、宗教をどこまでも視界のおよぶ範囲のなかで唯物的に捉えようとする。宗教を宗教ならしめている真実は認め、宗教を根から否定してはいない。子規は因果の法則を法則ならしめている、因果の前の因果律、つまり宇宙の根本的なものを視野にいれている。仏教の理は因果の法則を根本において、そこから難解な教義が成立してゆくわけだが、そもそもその点を子規は疑うのである。因果の法則を土台にした理がいったん仏教なりキリスト教なりという教義という衣でかためられると、それぞれの宗教が説いている教義の土台をなす真理が固定的なものになってしまい、もっとも根本的な真実の姿が消滅してゆくというのである。そこに宗教の閉塞性がでてゆきかねないのだと。この点を突かれた真宗の坊さんとしては「他力信心に似て居る」としか言いようがなかっただろう。

また六月二一日には清沢満之から手紙が届いた。子規はそれを「今朝起きると一封の手紙を受取つた。それは本郷の某氏より来たので余は知らぬ人である。その手紙は大略左の通りである」として手紙の内容を次のように紹介している。

拝啓昨日貴君の「病床六尺」を読み感ずる所あり左の数言を呈し候
第一、かかる場合には天帝または如来とともにあることを信じて安んずべし
第二、もし右信ずること能はずとならば人力の及ばざるところをさとりてただ現状に安んぜよ現状の進行に任ぜよ痛みをして痛ましめよ大化のなすがままに任ぜよ天地万物わが前に出

没隠現するに任ぜよ
第三、もし右二者共に能はずとならば号泣せよ煩悶せよ困頓せよ而して死に至らむのみ
小生はかつて瀕死の境にあり肉体の煩悶困頓を免れざりしも右第二の工夫によりて精神の安静を得たりこれ小生の宗教的救済なりき知らず貴君の苦痛を救済し得るや否を敢て問ふ病間あらば乞ふ一考あれ（以下略）

この手紙に対して子規は次のような感想を記している。

この親切なるかつ明鬯（めいちょう）平易なる手紙は甚だ余の心を獲たものであつて、余の考も殆どこの手紙の中に尽きて居る。ただ余にあつては精神の煩悶といふのも、生死出離の大問題ではない、病気が身体を衰弱せしめたためであるか、脊髄系を侵されて居るためであるか、とにかく生理的に精神の煩悶を来すのであつて、苦しい時には、何とも彼とも致しやうのないわけである。〈中略〉肉体の苦である上は、程度の軽い時はたとへあきらめる事が出来ないでも、なぐさめる手段がない事もない。程度の進んだ苦に至つては、ただになぐさめる事の出来ないのみならず、あきらめて居てもなほあきらめがつかぬやうな気がする。〈中略〉健康なる人は笑へ。病気を知らぬ人は笑へ。幸福なる人は笑へ。達者な両脚を持ちながら車に乗るやうな人は笑へ。（六月二十一日）

満之は浄土真宗の信仰という土台をもっていたので、宗教的救済を獲得しえたわけで、これを子規にもすすめた。しかし宗教を信仰という眼でみない子規にとっては、満之の忠言は糠に釘で

しかない。ここには死をも視野にいれた病人の苦悶がどれほど大きなものかということを示唆するとともに、その苦にたいする処方は、宗教的には解決できないものという子規なりの悟境がある。

真宗については、「泥棒が阿弥陀様を念ずれば阿弥陀様は摂取不捨の誓によつて往生させて下さること疑なしといふ。これ真宗の論なり。この間に善悪を論ぜざる処宗教上の大度量を見る。しかも他宗の人はいふ、泥棒の念仏にはなほ不安の状態あるべしと。泥棒の信仰については仏教に限らず耶蘇教にもその例多し。彼らが精神の状態は果して安心の地にあるか、あるひは不安を免れざるか、心理学者の研究を要す」（『病床六尺』）と冷静に見つめているほか、俳句作品としては「真宗の伽藍いかめし稲の花」「日のさすや枯野のはての本願寺」「御門主の女倶したる蓮見かな」「本尊は阿弥陀菊咲いて無住也」等々と、クールである。

（八）子規の日蓮への関心

ここまで子規の俳句観から宗教観、そして仏教にたいする緊密な関係のほどをみてきた。子規は仏教に親炙していたばかりか、仏教界に注文をつけていた。その子規がじつは日蓮につよい関心を示していた。この事実が周囲の人々のあいだで広く知れわたっていた点を、ドナルド・キーン著『正岡子規』には「子規の崇拝する人物は、弟子たちに話したように日蓮上人とエイブラハム・リンカーンだった。日蓮は逆境にありながら毅然としてあらゆる敵と戦い、ついには偉大な宗教的指導者としての自己を確立した」とある。また赤木格堂の『子規言行録』には「平生日蓮を説かる、」とあり、寺田透『作家論集』には「日蓮とフランクリンが彼の欽慕（きんぼ）する人物だった」、柴田宵曲著『評伝　正岡子規』には「日蓮は居士が晩年までしばしば口にした」とあり、子規と日蓮が「契合の深いものがあるような気がする」とつづく。また五百木瓢亭の追悼文（『子規言行録』）には「彼れは眼中無人で嘗て古今を通じて崇拝といふが如きものは無かったが、唯だその理想的の人物として、彼の傑僧日蓮とリンコルンの人と為りを賞揚して居た、これは彼れの人格を見る上に於て頗る興味あるところである、其の日蓮を賞揚するのは、偉大なる気魄を以て非常なる逆境に独り毅然としてあらゆる敵と戦ひ、終に自己の主義を貫徹した其の堅忍不抜剛邁不屈の大勇士たる点で、リンコルンに感心したのは、全く自己を没却して、道の為め事業の為めに一身を犠牲とし、自己の功は人に譲り、己れは唯人の背後にかくれて仕事をした点である」とある。また司馬遼太郎の小説『坂の上の雲』においては、子規に「あしは宗教には無関心じゃが、すきな宗祖はたれぞときかれれば、そりゃ日蓮ぞなやと答えている。日蓮のあのかっかとのぼせているところが、あしは好きぞな」と言わしめている。創作とはいえ、この台詞は子規の精神を代弁しているといってよかろう。

　子規論に日蓮を登場させているのは右のように存在するが、なぜか子規は無宗教家というイメージがつよい。それを代表するのは大岡信の「彼は生涯宗教心とは無縁だった」（「死生観私見」）ということばにあるようにおもわれる。さらに人物評伝として定評のある吉川弘文館の「人物叢書」の一冊、久保田正文著『正岡子規』の「宗教について」の項には「神よ、仏よというふうな感傷的宗教意識などは、子規にとってまったく入りこむ余地はなかった」とあり、「生においても死においても、子規は健康に合理主義的に現実主義をつらぬいた」と結論づけている。子規が健康に合理主義的に現実主義だったことは否定できないが、宗教にたいしてまったく無関心でなかったことは、これまでにるるのべたとおりである。しかし大岡信や久保田正文の発言は江湖の支持を得ていることもさることながら、子規自身そのような無宗教的発言をしているのだから、一概に無宗教家というレッテルを放擲し去ることができないことも確かなことではある。

ところが子規はのちに詳しく論証するように、日蓮に関心をもっていたばかりか、なかば信仰に近い態度さえ句作のうえに示しているのである。日蓮はその過激な他宗批判の活動が一般人に支持されないことの理由のひとつになっているとおもわれるが、子規が日蓮を高く評価したことを疑うことはできない。子規が無宗教家子規として定着している一方において日蓮を評価するというこの矛盾はどこからきているのだろうか。ひとつには子規に関する書物の大半が、俳句や短歌の革新者という面として強く打ち出されているところにあるだろう。子規が論じられるとき、その大半は研究者をふくむ学者や文芸評論家、はたまた小説家や俳人などに限られるが、そんななかで活用されるのが子規の残した俳句や短歌、また文章ということになる。その膨大な遺産のなかから取捨選択がおこなわれてゆく過程のなかで、子規像というものが生成されていった。子規の残した多岐にわたる業績のなかで、評者が活用するものは当然限定されてゆく。そんななかから無宗教家子規像という結論がくだされていったのではなかろうか。そういう意味では、井上泰至氏の『正岡子規』（ミネルヴァ書房、二〇二〇年）は、子規論のもっとも新しい書物だが、ここにおいても、子規の宗教観は一切無視されている。子規ははじめから無宗教者という観念の上にたって研究されてきた印象がつよいようにおもわれる。

子規が若年より宗教や仏教に興味を示し、期待さえかけていたことはこれまでにのべたとおり。しかもそれに応えようとしない仏教界に鞶甓したためだろう、自身、終生宗教否定の論をくずしはしなかった。しかも宗教への関心は人一倍つよく持っていた。キリスト教にも関心を示していたし、仏教への関心は本書冒頭に提示した最晩年の仏教祖師たちへの讃句にもみられるし、蕉風批判に際しては道元の『普勧坐禅儀』を引用している。『碧巌録』や『無門関』にも目をとおしたし、浄土真宗については、明治二七年九月八日に暁烏敏（非無）が「訓点真宗三部経科本」一冊を購入したとき、そこに「於京都法蔵館求之　于時洛西下寺町五条下ル　桂明方寓」と記し、これを子規に贈呈している（「年譜」）。また二九年四月二七日に『親鸞真伝』の感想を『松蘿玉液』に掲載し、その本が「善いかな此著。由来闇黒の中に投ぜられいたづらに金箔を以て塗りあげられたる仏教諸派（殊に真宗）の真相を知らんと欲つするや久し」と、『親鸞真伝』に出会えたことに小躍りしている。しかしその文章の後に「歴史家は宗教を度外に置き、西洋学者は仏書を読まず、哲学者と仏教中の哲理をのみ研究する世の中に此種の書を著はす其功亦多し。若し完備を求めなば教義及び真宗特色の儀式習慣を一層詳細」に記されねばならぬ、と注文をつけている。

子規の日蓮への関心についてのべる前に、子規の詠った仏教的俳句をあげておこう。子規における仏教への関心を示す俳句作品は七八七句みとめられるが、そのなかから年代順に一句ずつあげておこう。

明治二十年

鶯や木魚にまじる寛永寺

散る梅は祇王桜はほとけ哉

明治二十三年

魂祭ふわふわと来る秋の蝶

三井寺

我宿にはいりさう也昇る月

明治二十四年

床の間の達磨にらむや秋の暮

送火や朦朧として仏だち

明治二十五年

どこ見ても涼し神の灯仏の灯

魂送り背戸より帰り給ひけり

明治二十六年

僧赤く神主白し国の春

生身魂我は芋にてまつられん

明治二十七年

仏立つ大磐石の氷柱哉

春三月中にあはれな涅槃像

明治二十八年

永き日を胡座かきたる羅漢哉

涅槃像仏一人は笑ひけり

明治二十九年

極楽は衣も更へず仏だち

あらたかな神のしづまる若葉哉

明治三十年

彼岸には死れける往生疑ひなし

出家せんとして寺を思へば寒さ哉

明治三十一年

仏壇に桃活けてある三日哉

頭巾著て浄土の近き思ひあり

明治三十二年
　神宮の判すわりけり初暦
　釈迦に問て見たきことあり冬籠
明治三十三年
　夏籠や仏刻まむ志
　蝿打つて坐禅の心乱れけり
明治三十四年
　馬の尾に仏性ありや秋の風
　蓮の実や飛んで小僧の口に入る
明治三十五年
　陽炎や石の魂猶死なず
　蝶飛ぶやアダムもイヴも裸なり

　また二九歳の「我老いぬ春の湯湯婆維摩経」「活けんとす梅こぼれけり維摩経」などの句には「維摩経」を座右に置いていたことがわかるし、「又けふも涼しき道へ誰が柩」という句には「三界無安猶如火宅」（三界は安きことなし、なお火宅のごとし）という法華経句の前書きをもつ。世の実相を説いたこの経句に子規は同調している。『法華経』にかんしては「草木国土悉皆成仏」を前書きにした「糸瓜さへ仏になるぞ後るゝな」「成仏や夕顔の顔へちまの屁」という二句があり、『法華経』をもじった「発句経譬喩品」というおかしな作品も残している。これらは子規が『法華経』に関心を示していたことを暗示させる。子規の『法華経』への関心は、おそらく日蓮への感興と関連するものとおもわれるが、後にいうように子規は日蓮の句を七一句作っている。そればかりか、二四年以来、死にいたるまで日蓮に関心をもちつづけていた。

以下子規と日蓮の関係についてのべてゆく。

（九）子規の日蓮評

子規の旅行好きは有名で、年譜には明治一四年から二八年まで、病床生活を余儀なくされるまで、毎年のように方々へ旅行をしている。日蓮関係では、鎌倉へ三度旅行した。一度目は一八年に友人たちと四人で、二度目は二一年に友人一人を誘って、三度目は二六年に陸羯南の案内によって「日蓮の高弟日朗の土窟」を訪ねている。子規はその都度、日蓮の旧蹟に立ち寄り作句した。また房総旅行において、日蓮の誕生寺に参詣したのは二四年。日蓮入滅の地である池上本門寺へ参詣したのは二七年である。このような日蓮への関心度は、日蓮を「実に最大の大宗教家なり」と評した文章のなかにありありと伺うことができよう。その文章は明治二八年九月一八日付「日本」に掲載されたもの。

日蓮は少小にして仏寺に入りしかば仏教に依りて身を立てんとは早くも決心せり。是れ其十六七歳の頃なるべし。〈中略〉続々として起りたる新宗派は北条氏の保護に因り其の根拠を固うし老若賢愚争ふて之に帰依するに至りしかば此際に当て歳能日蓮の如き者一たび既成の宗派に依りて其学識を発揮しなば大名を成すこと羽毛を揚ぐるよりも易かりしならん。さるを日蓮の大器は古人の造り置ける函の中に容れ得べきに非ざれば新たに一宗派を起さんとは企てたり。日蓮は終に志を成せり。日蓮は実に最大の大宗教家なり。〈中略〉日蓮一たび決心せし後は順勢も逆流も与に其事業を助くるの機とせられざるはなかりき（「養痾雑記」）。

子規が周囲の反対を押し切って日清戦争に「日本」の記者として従軍したのは二八年のことで、その四月、広島宇品港を出発し大連に向かったものの、戦争は講和条約が結ばれて終結していた。そのため五月一五日に帰国の途につくが、船中において喀血する。その喀血はきわめて険悪なもので、重態という病状が二三日までつづく。歩行困難のまま神戸港に上陸。その日の午後になって、県立神戸病院に入院した。そのあたりのことについて、三一年一二月「ホトトギス」に「病」という題で、当時のことを追想している。

> 明治二十八年五月大連湾より帰りの船の中で、何だか労れたやうであつたから下等室で寝て居たらば、鱶が居る。早く来いと我名を呼ぶ者があるので、はね起きて急ぎ甲板へ上つた。甲板に上り著くと同時に痰が出たから船端の水の流れて居る処へ何心なく吐くと痰では無かつた。血であつた。それに驚いて、鱶を一目見るや否や階子を下りて来て、自分の行李から用意の薬を取り出し、それを袋のままで著て居る外套のカクシへ押し込んで、さうして自分の座に帰つて静かに寝ていた。〈中略〉上陸した嬉しさと歩行く事も出来ぬ悲しさとで今迄

煩悶して居た頭脳は、祭礼の中を寝台で通るといふコントラストに逢ふて又一層煩悶の度を高めた。丁度灯ともし頃神戸病院へ著いた。入院の手続きは連の人が既にしてくれていたので直に二階のある一室へ這入つた。二等室といふので余り広くはないが、白壁は綺麗で天井は二間程の高さもある。三尺許りの高さほかない船室に寝て居た身はこゝへ来て非常の愉快を感じた。殊に既往一ヶ月余り、地べたの上へ黍稿（きびわら）を敷いて寝たり、石の上、板の上へ毛布一枚で寝たりといふ境涯であつた者が、俄かに、蒲団や藁蒲団の二三枚も重ねた寝台の上に寝た時は、丸で極楽へ来たやうな心持で、これなら死んでも善いと思ふた。併し入院後一日一日と病は募りて後には喀血に咽せる程になつてからは又死にたくないのでいよいよ心細くなつて来た。やがて虚子が京都から来る、叔父が国から来る、危篤の電報に接して母と碧梧桐とが東京から来る、という騒ぎになつた。これが自分の病気のそもそもの発端である。

子規が生死の間をさまよっていた状況を克明に追想した文章である。病状はその後安定し、七月下旬から八月下旬までの一ヵ月は須磨で療養生活をおくることになる。神戸病院ではまた「病余漫吟」を編集したが、そのなかに「死なんとして死せず生きんとして生きず。独り薬瓶を敲いて歌ふ〈中略〉碧梧桐虚子傍にありてこれを筆し一巻となす」とあるから、子規はひしひしと死を身近に受けとめていた。そしてこの療養中、子規は日蓮の伝記をよんだ。その感想を綴ったのが日蓮を讃嘆した右の「養痾雑記」である。

子規は、日蓮の「十六七にして志を立てしより十五六年の間は真面目に各宗派を研究」した「修学の苦辛」から、「時勢を造り出だす為めの材料を蒐輯」し、そこから「一宗派を起さんとは企てたところにあると評価したが、このことは、先に引用した二三年の『無花果艸紙』に「仏教は遠く数千年前に起りしにも拘らず感情のみに訴へず道理にも訴ふればなり。其道理の正否はこ、にいひがたしといへども、兎に角複雑高尚なる哲理を含有するものに相違なし」といっていたことをおもいださせる。仏教への関心の刃が日蓮に向けられた理由のひとつが、このような若いうちからの仏教への関心度が、日蓮とのであいによって亢進していったものと考えられる。『養痾雑記』はさらに、

英雄は野心に生血を混じたる者の謂いなるを知らば英雄に野心あること豈怪むに足らんや。〈中略〉野心は須らく大なるべきなり。満身の野心を有する者前に日蓮あり後ちに豊太閤あり。以って一国の人意を強うするに足る。余須磨の海楼に痾を養ふこと一月体力衰耗して勇気無し。偶々日蓮記を読んで壮快措く能はず。覚えず手舞ひ足躍るに至る。

子規の右の日蓮評の文章にたいして、柴田宵曲著『正岡子規』には「居士の日蓮論は端的である」とした上で、「烈々たる日蓮の性格が海楼の涼風と相俟って、居士の脈管に無限の活気を吹込んだことは想像に難くない」と、房総の涼風に関連づけている。しかし子規が日蓮に関心を抱くようになったのは、須磨が初めてではなかった。右の文章で子規は「偶々日蓮記を読んで」とのべているが、すでに二四年に房総へ旅行し、このとき日蓮関係の句を九句作っていたし、二七年には日蓮宗本山・本門寺に参詣している。

子規が日蓮の句を作りはじめた明治二四年という年について考える必要がある。この年は、子規にとってどのような年であったのか。年譜を繰ると子規は二四年二月二五日に脳病（鬱憂病）にかかり、学科に手がつかなくなったとある。それはどういうことだったのか。子規は前年九月に帝国大学哲学科に入学したが、翌二四年には国文科へ転科した。どうして転科したのか、ここに「病床譫語」という文章がある。明治三二年三月一三日付き『日本附録週報』に掲載された追想文である。

我かつて哲学を学ばんと欲す。哲理深奥にして際涯なきが如き処大に我心を牽きたるなり。やや長じて常識を得るに及んで、未だ哲学を学ばず、先づ人智の極まる所、哲理の及ぶ所を見、自ら画して曰く知るべきのみと。遂に転じて文学に志す。文学には階級ありて窮極なし。門に入りて一歩則ち一歩の楽あり、〈中略〉百歩の才ある者は百歩の楽を得てなほ千歩を仰ぐ。安んじて処を得、才の小なるを憂へず、伸べて限られず、才の大なるを憂へず。いよいよ進んでいよいよ楽しく、いよいよ楽んでいよいよ窮らざる者、文学の特色なり。

哲学は「哲理深奥にして際涯なきが如き処」ではあるが、そこには一般常識というものを欠いている。文学の世界は「百歩の才ある者は百歩の楽を得てなほ千歩を仰ぐ」というふうに窮まりないもので「安んじて処を得」るという。そこで文学に転じたのだと。ここらあたりは（三）の「宇宙即自己」において、煩悩世界を「おもしろき世界」と考えていたことに通ずるものがあろう。あるいは哲学から文学への転向は自身の病気ともからんでいたことも視野にいれてもよいのではないか。二二歳に大喀血した子規が、気持ちのどこかでこの病気を気にしていたことは首肯されよう。病気・進路という人生上の悩みを克服しようとした子規は、それを仏教に求め、悟りについて深く思いをはせていたのである。二二年の「悟り」という文章がある。

余は固より仏者の所謂悟りなる者を知らず、然れども余が今日想像する処にては、悟りとは智識の上に関係するものにあらずして、意識の上に関するもの也。我々の煩悩即ち我々の欲心、その外、我れの恐るべからずして恐れ、悲しむべからずして悲しみ、喜ぶべからずして喜ぶが如き、其の理は知りながら之を実行する能はざるもの多し。而して若し悟りを開く時は、是れ等の煩悩一時に去りて、身に一点の汚れなく恐れなきこと、暗夜一転して白昼となるが如きものならんと思はるゝなり。これ我が身が凡夫の域を離るゝ所にして、即身成仏といふもこの事ならんか。

これはまさしく子規の仏教観の披瀝である。哲学・宗教・文学、そして自身の病というものが若き子規の最大の関心事であったことを示した文章だ。そして子規は最終的には文学、そして俳句を選択するのだが、そこに介在したのが宗教であり、そこから視点は後にいうように、日蓮の存在へと転進してゆく。そのあたりの子規の内在した精神の苦悩は、二二歳から二四歳までの文章中に「悟り」という語が頻繁に使われていることからも類推できる（調べてみると、この時期、「悟り」という語彙は四四回使われていた）。子規はおおいなる悩みのなかを呻吟しつつ、悟りへの道をまさぐっていたのである。そしてこのことを記した子規論はあまりない。

喀血については、二八年の鎌倉旅行のときさえ、同道の友人が心配すると「余は度々喉をいためて血を出すこと多ければ大方その類ならん」と虚勢を張っていた。文学への転向が自身の病状と関係するとおもわれるのは、「病床譫語」に文学者は「四十歳を待たず、三十歳を待たず。二十歳にして不朽の傑作を得る者古来の大家往々にして然り」とあることによっても理解されよう。子規が手がけるようになった「俳句分類」は二四年からだが、かたや小説も書くなど、自分の将来をなお模索していた。哲学科から国文科への転科は結論的に俳句の道程へと舵を切ることになり、俳句の実作も二四年からは本格化してゆく。「学科に手がつかなくなった」原因の一つはおそらくそうした煩悶のなかから生じたものとおもわれる。そのあたりのことについて、明治二四年四月六日付大原恒徳宛の書簡に

私も前月末頃脳病（鬱憂病ノ類）ニ罹り学科も何も手につかす候故十日の閑を偸んで（尤も学校は大方休ミ也）房総地方へ行脚と出掛申候。菅笠に日を避け簑に雨を凌きて旅行致候処意外に興多く去る二日帰京仕候ひしが病気も大分宜敷様ニ感申候。

とあるのは、鬱憂病という病苦からの逃避として選ばれた房総旅行から無事に帰ったことを叔父に告げたものだが、子規はどうして煩悶を払拭する目的として房総旅行を企画したのであろうか。書簡にあるように、子規は菅笠と簑をもとめ、その恰好で旅行にでかけた。ちなみにこのときの旅行姿の写真が残されている。子規は三月二五日から四月二日までの一〇日間、千葉において旅の人として過ごす。このときの体験記「かくれみの」をみると、子規の房総旅行は日蓮への敬慕

にひかれ、その誕生寺に参詣することを一つの目的としていたことが判然とする。どうして房総であり日蓮であったのか。

（一〇）日蓮との出会い（一）

子規が房総旅行を企図したのは、じつは夏目漱石の影響を受けてのことだった。どういうことかというと、発端は子規が明治二一年から二二年にかけて作成した『七草集』という文集にある。子規はこれを友人たちに回覧して批評を乞うたが、ちょうどその頃から友情の芽生えかけていた漱石にも送られた（子規はのちに漱石を「益友」と称している）。『七草集』は漢文、漢詩、和歌、俳句、論文など、七種の文体で綴った作品だが、これを受けとった漱石はこれに応えた批評文を明治二二年五月に子規に送り、「情優にして辞寡く、清秀超脱、神韻をもつて勝る」と称賛した。しかも漱石は『七草集』に触発されたのであろう、『木屑録』という紀行文を綴り、これを子規に送って批評を乞うた。

『木屑録』というのは明治二二年八月、漱石が友人四人とともに千葉に旅行したときの紀行文である（なおこれは漢文で書かれているが、『漱石全集』には訓読されたものが併載されている）。そのなかに次のような箇所がある。

誕生寺は房（房総　筆者注）の小湊に在り。法華宗の祖、日蓮、ここに生まる。後人、仏刹をその蘆址に建つ。故に名づけて誕生寺と曰う。寺は山を負い、海に面す。〈中略〉すでに舟を捨てて歩み、誕生寺に抵り、その蔵するところの書画十幅を観る。日蓮の書くところ、最も多し。僧云う、「高祖生まるる時、その家人、鰮二尾を得て磯上に釣る。明日もまた得たり。かくのごときこと、七日。これより土人、高祖の故をもつて、あえてこの魚を捕えず。また祟びて明神と称し、その名を称せず。あるいはひそかに捕えて食う者あり。かならず瘧を病んで死す」と。

漱石から『木屑録』を送られた子規は、その批評文を漢文体で「『木屑録』評」と題して漱石に送った。明治二二年一〇月一三日のことである。そこに「余は咳嗽に接するを得たり。あに敬してこれを愛せざるべけんや。しかりしこうして、さきに吾が兄（漱石　筆者注）に接せし時、余をして一驚せしめ、しこうして今またこの詩文を読んで、余をして再驚せしめたり」と絶讃した。

子規が喀血や進路のこともからんで脳病に苦しんだのは明治二四年三月のこと。脳病については先に「脳病（鬱憂病ノ類）ニ罹り学科も何も手につか」なくなったとのべたとおりで、これを払拭せんと苦悶の日々を送っていたとき、子規は『木屑録』の記憶を手繰り寄せたにちがいない。子規が房総旅行にでかけたのは二四年三月だが、その一年前の二三年四月二日に「成田地方に旅行」（『筆まか勢』）を予定していた。しかしこのときは嘔吐や下痢がやまなかったので旅行を断念した。『木屑録』の批評文を書いてから一年三ヵ月後になるが、子規はこれを昨日のことのように思いだした。子規と漱石の関係は、この時点で親友とまでは進んでいなかったが、互いに意識しあう仲になろうとしていた。というよりは『七草集』と『木屑録』が二人の仲をとりもつ大きな機縁となったことは、大岡信も指摘している（『子規と漱石』）。
『木屑録』は漱石の房総への旅行記だが、病悩を脱せんとしたとき、子規は『木屑録』に記された房総へのおもいをつのらせた。『木屑録』の評に子規は「余、吾が兄（漱石　筆者注）を知ること久し。しこうして吾が兄と交わるは、すなわち今年一月に始まるなり。余の初め東都に来るや、友を求むること数年、いまだ一人をも得ず。吾が兄を知るに及んで、すなわちひそかに期するところあり。〈中略〉余は始めて一益友を得たり。その喜び、知るべきなり」と漱石との出会いに快哉を叫んだが、ここに子規がいっているように、子規と漱石の出会いは、明治二二年の一月よりはじまり、往復書簡は五月からはじまった。生涯におけるふたりの往復書簡はそれ以来、子規から漱石宛は二一通、漱石から子規宛ては六三通を数えることになるのだが、その往復書簡の発端は子規の喀血見舞状（明治二二年五月一三日付子規宛て書簡）からであり、それが『七草集』と『木屑録』へとつづいたことになる。

子規は鬱憂病を払拭せんがため、漱石が訪ねた房総への旅を企図したものとおもわれる。右に引用したように、漱石は『木屑録』に日蓮に関する記事を綴っていたが、これを読んだ子規もまたこのときはじめて日蓮という人物を知ったのではないかと推察される（『子規全集』に「日蓮」の名がでてくるのはこれが最初だが、『八犬伝』の影響もあることは後にのべる）。子規のことだ、『木屑録』にでてきた日蓮への関心度を深めると、あらためて伝記くらいは読んだろう。そして感動したにちがいない。そうでなければ房総旅行にでかけて、いきなり誕生寺に詣でることはなかっただろうし、さらに日蓮を「英雄」とまで激賞するなどなかったろう。
その房総旅行の紀行記「かくれみの」のなかに次のような箇所がある。

入房州。海開於脚底。出于小湊。封姨及海若戦於岩上。非復如菜公麦伯之可狎。心稍恐。誕生寺負剣山臨大海。天之生英雄。豈偶然哉。

（房州に入る。海は脚底に開く。小湊に出づ。封姨（ほうい）および海若（かいじゃく）岩上に戦う。また菜公、麦伯の狎（な）るべきごとくにあらず。心、やや恐る。誕生寺は剣山を負い、大海に臨む。天の英雄を生むは、豈に偶然ならんや）

子規はこのとき日蓮を「天之生英雄」と讃嘆した。「偶々日蓮記を読んで壮快措く能はず」としたためたのは明治二八年のことだが、四年前の「かくれみの」に、すでに日蓮を「英雄」と表現していたのである。この房総旅行においては日蓮関係の句も作った。「かくれみの」には漢文で書かれた文章のほかに「句集」として二五日に一三句、二六日に九句、二七日に二〇句、二八日に二一句、二九日に一六句、三〇日に八句、三一日に二句、四月一日に五句のほかに漢詩二題、英詩一篇を作っている。それらのなかに「鶯や山をいづれば誕生寺」「菅笠の影は仏に似たりけり」「南無日蓮安房は妙法蓮華草」「題目や髭に花咲く石の苔」などと日蓮に関する句を九句作った（後述）。

なお「かくれみの」は漱石にも送られ、漱石は「『かくれみの』評』」を子規に送り、「冒頭の自序先年拝見したる文章とはまるでちがい、句々力ありて大によろし」と評価している。二人の仲はこれより一層親密度を増してゆくことになる。

（一二）　**日蓮との出会い（二）**

子規と日蓮をつなぐ動機について考えると、そのひとつとして、右にのべた『木屑録』の影響がおおきいことはいうまでもない。子規が日蓮という人物を知ったのは『木屑録』によってだからである。しかし『法華経』についてては、それより以前に子規はすくなくとも二回『法華経』とであっていた。その一つは『八犬伝』との出会いであり、もう一つは明治二二年の「比較譬喩的詩歌」というもの。

『八犬伝』とのであいというのは、子規若年の愛読書の一つが『南総里見八犬伝』であったことは『筆まか勢』のなかの「八犬伝」（一八年）に「余は八犬伝を好む」とあり「あの筆力といひ、あの風致といひ高尚なる趣向にして簡雅なる文句」と称賛した。のちには「特に面白いと思ふた処は書き抜きもし暗誦までして居た。八犬伝は廿二三歳の頃迄も余の愛読書の一つであつたと思ふ」（「八犬伝と水滸伝」）と発言した『八犬伝』である。明治一八年に称賛した後、二一年にも「八犬伝第二」という題目のもと「小説の趣向は奇なるをよしとせんか、八犬伝程奇なるものはあらざるべし」とあり、内容を多角的に吟味したうえ八犬伝を図示している（講談社版『子規全集第一〇巻』に収録）。さらに同年「八犬伝第三」という文章に「著者殊更に仁義八行の順序を重んずるならば、など仁義礼智と年齢の順とに従ふて配合せざる」と批評した。『八犬伝』については、さらに三三年に評論文「八犬伝と水滸伝」を「ホトトギス」第三巻一二号（九月三〇日発行）に寄稿している。これはかなり長い文章だが、そこに次のようにある。

余が幼い時、まだ明治の小説といふやうな特色は芽もふかなかつた時に余を慰めた者は翻訳の水滸伝、西遊記、演義三国志、漢楚軍談、武王軍談の類と馬琴の小説とであった。〈中略〉昨年五月病気に悩まされて後、元気僅かに恢復した時に、まだ筆を執る事も出来ず、かたくるしい本を見るもいやだし、何をして日を暮さうかと考へたが、〈中略〉終に水滸伝を見うと思ひついた。〈中略〉八犬伝の方は子供の時に夢の如くに読んだばかりでなく其後又読み返した。特に面白いと思ふた処は書き抜きもし暗誦までして居た。八犬伝は廿三歳の頃迄も余の愛読書の一つであつたと思ふ。

「八犬伝と水滸伝」は『八犬伝』と『水滸伝』との相違点をかなり詳細に論じたもので、両書を子規が深読みしていたことを示唆する文章だが、これが病床生活の三三年（死の二年前）に書かれていることは驚愕いがいの何ものでもない。子規がこの両書に死の間際まで関心をもちつづけていたことは、三四年二月二日『墨汁一滴』に、『八犬伝』の文章をコピーしていることからも判明する。なかでも「八犬伝と水滸伝」に「昨年五月病気に悩まされて後」とあるところは注目してよい。これは房総旅行から帰った後に『八犬伝』を再読したことを意味するからである。つまり『木屑録』の影響をうけた二四年の子規は房総旅行によって癒やされた後、『八犬伝』を読み、その評論文をしたためていた。

要するに子規は幼少時より愛読した『八犬伝』を明治一八年に一度、二一年に二度までも論じたのだが、『南総里見八犬伝』の舞台が房総に設定されていることはいうまでもない。そしてそこには「日蓮」も「誕生寺」も「法華経」もでてくる。『南総里見八犬伝』（第一輯二之巻）をここに引用しておこう。

> 小湊なる、高光山誕生寺は、敢川（あへかは）村のうちにあり。日蓮上人出生の地なるをもて、日家上人開基として、一宇の精舎を建立し、誕生寺と名づけたり。僉（みな）この檀那となりしかば、法門長久に繁昌す。俗にいふ上総の七里法華、安房七浦の経宗とて、大かた題目宗なれども、就中長狭郡は、祖師誕生の地なればにや、苟且（かりそめ）にも他宗をまじへず、偏固の信者多かりける。（「岩波文庫」）

また、『八犬伝』にでてくる『法華経』については第二輯一之巻に伏姫（ふしひめ）（主人公里見義実の娘）が「法華経八軸と、料紙硯は身を放（はな）さず、此処までも持来（もてき）給へば、この夜は月下に読経して、おぼつかなくも明し給ふ」とあり、第二輯二之巻には提婆達多品にある龍女成仏を引用し、「三千衆生発菩提心」以下の経典読誦の場面がでてくる。

漱石の『木屑録』をみたとき、子規は少年時代に読んで、暗誦までしていた『八犬伝』に描かれた「日蓮」なり「誕生寺」を、記憶の底からとりだしたにちがいない。その結果、『木屑録』の影響のもと、自身の房総旅行が企図されたものと考えてよいのではないか。このことは、旅行から帰った時にも『八犬伝』を論じ、そればかりか、死の二年前にも、かなりの長文で『八犬伝』

を論じ、そのなかに自身の当時の病悩と関連づけて追想していることなどから、子規にとって『八犬伝』は親しみ深さを超えた卑近な存在だったことがわかる。

じつは房総旅行記である「かくれみの」ではおおくの句を披瀝しているが、そんななかに「八犬伝の古蹟を尋ぬる道に雨にあひて」と前書にした「簑笠や馬琴もしらぬ山の景」という句がある。子規の房総旅行の目的は日蓮の誕生寺とともに八犬伝の舞台を確認することも含まれていたことがしられる。

漱石の『木屑録』、そして『八犬伝』の記憶にくわえ、『筆まか勢』にある「比較譬喩的詩歌」（二三年）もまた子規に『法華経』への関心度を高める契機になったとおもわれる。その「比較譬喩的詩歌」には「比較譬喩の事は前にも度々いひしが、余は之を格段に発句の上に感じたり。即ち自分の遭遇したる境涯杯をのべるに、通例の事を有のまゝにいひては詩にも句にもならぬ故、其物其人を鳥、木杯に譬へていふ也」とあり、以下数句列ねたなかに、次のような箇所がある。

一念三千の心を
千なりやつる一すじの心より　千代

無常迅速
咲きつ散りつひまなきけしの畠哉　傘下

十如是
思ふ事流れて通るしみつ哉　荷兮

如渡得船

月の頃隣の榎きりにけり　胡及

因果応報の心を

おどしたる報ひにくちるかゞし哉　不覚

俳句と譬喩の関連にむすびつけた例句を「比較譬喩」として羅列したもので、句の前書きにある「一念三千」「無常迅速」「十如是」「如渡得船」「因果応報」といった仏教語は仏教語のなかでも、特に『法華経』に関連した語彙にほかならない。なかでも「如渡得船」という経句は『法華経』の「薬王菩薩本事品」のなかにあるもので、次のようなもの。

此経能大饒益。一切衆生。充満其願。如清涼池。能満一切。諸渇乏者。如寒者得火。如裸者得衣。如商人得主。如子得母。如渡得船。如病得医。如暗得燈。如貧得宝。如民得王。如賈客得海。如炬除暗。此法華経。亦復如是。能令衆生。離一切苦。一切病痛。能解一切。生死之縛。（岩波文庫版『法華経』）

（此の経は能く大いに一切衆生を饒益して、其の願を充満せしめたまふ。清涼の池の能く一切の諸の渇乏の者に満つるが如く、寒き者の火を得たるが如く、裸なる者の衣を得たるが如く、商人の主を得たるが如く、子の母を得たるが如く、渡に船を得たるが如く、病に医を得たるが如く、暗に燈を得たるが如く、貧しきに宝を得たるが如く、民の王を得たるが如く、賈客の海を得たるが如く、炬（ともしび）の暗（やみ）を除く如く、此の法華経も亦復是の如し。能く衆生をして一切の苦・一切の病痛を離れ、能く一切の生死の縛を解かしめたまふ。)

「如渡得船」という経句は『法華経』にしかでてこない、いわば特殊な言葉だが、日蓮も遺文中に引用している。子規はこの二二年という時点で、『法華経』に関心をもちはじめていたのである。そこに『木屑録』が介在し、日蓮への関心度を高めたにちがいない。すでに引用した二三年の「法の雷」に「高尚なる進歩したる仏教が何故に勢いを減ぜんとするや、今日有為の少年が多く仏教に入らずして耶蘇教に入るは何ぞや、仏教を非理とするにあらず仏教を知らざる也。仏教を知るを欲せざるにあらず。其適当なる書物なき也。其適当なる説教なき也」と痛烈に仏教界を批判したが、子規は『木屑録』とともに、このとき日蓮の四箇格言にみられる他宗批判の精神に同感したのではないか。前に引用した『無花果艸紙』に「宗教を選ぶにも初めより其説教を聞き経文を読み、尤も理くつの正しいと思惟するものを取るなり」というのが子規の宗教観だったが、その実態を子規は日蓮の四箇格言にみたにちがいない。

こうして子規は房総旅行を皮切りに、死の直前まで日蓮を周囲の人々に語るようになった。このことは前にも触れたが、ほかに高野山真言宗管長の和田性海(筆名「不可得」大僧正)に、子規と日蓮との関係についての回想記に次のようなものがある。

去月十三日(明治三五年八月)、永く訪づれざりし正岡大人を、根岸の草庵に訪問せり。〈中略〉「暁烏と云ふ真宗の坊サンが時々来るが、僕は理屈は知らんが、善とか悪とか云ふことについては、あの様に平等に考へる方が気に入るが、……善とか悪とか云ふことは、解脱することについて論ぜねばならぬかしら、ソー全く差別を離れるんでない、……全く空になるのでもないだらうな。君はどんな悪人でも念仏すれば助かると云ふことは信ぜぬか、……主観的に安心したゞけではいかぬ、……せぬよりはよいか、……其価値認めても、外に害を及ぼすやうな、間違つた信仰心でいかぬ？　フー」〈中略〉大人は日蓮上人を非常に好まる、と共に、日蓮上人の近似して居る大人の性格は、実に適切に此数字の上に画き出されたり。（「根岸庵を訪ふ」（新仏教第三巻第八）

また五百木瓢亭（筆名「犬骨坊」）は「彼れの性格はどうしても飽くまで戦ひ抜く迄貫く日蓮的であった」（「正岡子規君」）といい、石井露月は「吾家の子規居士」に「明治二七年九月六日」のときとして次のような回想談をのこしている。

此夜、日蓮の話が出来（しゅつらい）、君から日蓮の伝記の一班を説き聞かされた。これは偶然でない事で、一ッは子規君自身の抱負をほのめかし、一ッは余に対する痛罵であった。余は全く不甲斐なきをはぢたが、唯々として聞いた丈で何も云はず、間もなく帰国したのである。

これらは子規が日常的に周囲の人々に日蓮伝を語っていたことを示すもので、子規と日蓮の関係が浅からざるものということを伝えている。

法華経との関連では、明治二三年七月一五日付夏目金之助（漱石）宛書簡に「午眠と読経とに日をくらし居る候」と、日ごろ読経をしていることを告げたのち、『法華経』の経句「假使興害意　推落大火坑　念彼觀音力　火坑變成池」を提示し、この経句を読んでいると「身心俄に涼しく清風両腋より起るの感有之候。君も試ミに実験して見給へ」と漱石に進言したのち、「阿耨多羅三藐三菩提心　チーン」としめくくっている。子規の読経はいつから始まったものかは分からないが、子規が『法華経』と密接な関係を持ちつづけていたことは否定できるものではない。

「かくれみの」には、それとは別に漢文で書かれた「隠簑日記」が存在するが、その冒頭「ここに我が病勢を稽（かんが）うるに、脳痛悶悶と曰う。文思安からず、魂は四表に馳せて、房総に格（いた）る」とあるように、懊悩の心境を吐露して房総旅行に出掛けた子規だったが、それを終えたのち、四月八日から始まった第二学期からは元気で登校し、大原恒徳宛書簡に「病気も大分宜敷様ニ感申候」としたためているところをみると、旅行の効果は充分果たしえたのである。そしてこれ以後、子規は日蓮にのめりこんでゆく。

「かくれみの」において、子規は日蓮を「英雄」と認定したが、一八年の「養痾雑記」において「英雄に野心あること豈（あに）怪むに足らんや」と、ここでも日蓮を豊太閤ともども英雄と位置づけている。この後にも日蓮への関心を示していて、二六年三月二五日から二八日まで鎌倉旅行をしたとき、「鎌倉一見の記」として次のような文章を残している。

> 長谷の観音堂に詣で、見渡す山の名所古蹟隠士（陸羯南か　筆者注）が指さす杖のさき一寸の内にあつまりたり。「歌にせん何山彼山春の風」。こゝは何がしかは何日蓮の高弟日朗の土窟は此奥なりなど一々に隠士の案内なり。

日蓮が佐渡流罪に遭遇したとき、門弟日朗が閉じこめられた土牢（現代にも遺跡として残されている）へ、子規は陸羯南の案内によって足をのばしたという文章である。また明治二七年一一月三日には「間遊半日」という文章がある。

三日（土）天長節。早起きして、新橋から汽車に乗って川崎で降りる。車中、戦争の話が盛ん。川崎大師に参詣、道を返して川崎駅から六郷橋を渡る。蒲田村、池上を経て、日蓮宗の本山である本門寺を訪う。

「間遊半日」は日蓮宗の本山・本門寺への参詣記であり、そのくだりは次のようにつづく。

十余町にして池上に達す。本門寺は山上に在り。石磴六階一階数十級遙かに仰げば松杉鬱蒼の間僅かに山門を認む。階下の小川を渡らんとすれば左側の大石碑に「一天四海皆帰妙法」の八大字を刻す。〈中略〉日蓮の筆なり。文字僧家の臭気を帯びず而も能書と見えたり。此の寺は日蓮宗の本山にして身延と並称する者なり。身延は知らずこを房州の誕生寺に比するに人為の建築は彼よりも盛大にして天然の風致は稍々彼に劣れり。然れども此地を川崎大師の凡俗なるに比べんか実に人間と天上との差あり、蓋し日蓮は弘法に比して更に俗なるものなる処は日蓮の能く名を後世に成せし所以にして凡人の企て及べきに非ず。彼をして内外多事の今日に生れしめんか決して僧侶を以て終らざるなり。彼れ地下に霊あらば如何の感想を以て日清事件を見るか聞かまほし。

建築の風情については川崎大師や誕生寺と比較し、志としては空海と比較し、「彼れ地下に霊あらば如何の感想を以て日清事件を見るか聞かまほし」と仏教者というより政治的思想家として日蓮をみている。子規が日蓮に関心を寄せたのは、その仏教思想なり教学が客観的な教相を基礎においているということのほか、生涯の事蹟、自らの主張をどこまでも張り通した法華経の行者としての類まれな行動にたいして、拍手をおくるわけである。先にあげた文章のなかに「日蓮一たび決心せし後は順勢も逆流も与に其事業を助くるの機とせられざるはなかりき」とある文章がそれを代弁していよう。四箇格言にしても、同時代の内村鑑三『代表的日本人』（初版は二七年）が「争闘性を差引きし日蓮は、我等の理想的宗教家」と結んでいるのにたいして、子規は日蓮の四箇格言に代表される批判精神に共鳴するのである。明治二九年の句「念仏は海鼠真言は鰒にこそ」は翌三〇年の「新体詩」にも「蓮宗訴訟」と題して引用し、「他宗の罪を打ち鳴らす　法の太鼓は破るとも　日蓮再び生れずば　身延に人の跡絶えん」と、身延にともる法華経の法灯を消してはならぬと、つよい調子で詠った。なお子規はこのとき本門寺の松葉館に立ち寄り、「廻廊の曲り曲りの芭蕉哉」という句をも得ている。

子規が自身を無宗教家と公言したことは事実だが、宗教者を真っ向から一刀両断したわけではなかった。日蓮を「野心家・英雄」として讃えた評価も、そこに根ざすものと考えてよかろう。そのような子規の視点から日蓮の生涯を想起してみると、その生涯は、次つぎと襲いかかる法難を克服しての人生だった。それは日蓮自身にとってはもちろん「野心」ではない。しかし子規は法華経宣布の主張を貫いてゆく姿を「野心」とみる。日蓮自身は「只法華経を弘めんとする失によりて、妻子を帯せずして犯僧の名四海に満ち、螻蟻（けら）をも殺さざれども悪名一天に彌（はびこれり）」（『四恩抄』）というように、まさに孤絶の生涯というほかないものだった。

子規はたしかに日蓮の生涯を野心家あるいは事業家とみたが、年を経るごとにみかたは変化してゆく。日蓮の偉大さに惚れ込んでゆく変化の様子は、次に示す七一句の俳句作品が雄弁に物語る。日蓮という存在が子規の頭脳を刺激しはじめたといってよいのではないか。子規の宗教句は二四年から急にふえてゆくが、子規の日蓮関係の句もまた二四年よりはじまってゆく。暗示的なものを感じさせないわけにはゆかない。

（一二）子規の日蓮句

子規の作った日蓮関係の七一句を列挙しておこう。△印は日蓮関係の霊地あるいは場所で作られたものなので、直接日蓮と関係するわけではないが、数のなかに加えた。

明治二十四年

1　陽炎や南無とかいたる笠の上

2　鶯や山をいづれば誕生寺

3　七浦や安房を動かす波の音

　　誕生寺三句

4　菅笠の影は仏に似たりけり

5　岩もみな鋸山や安房の海

6　海と山十七字には余りけり

はじめて蓮華草をみる

7　南無日蓮安房は妙法蓮華草

△8　極楽の道へ迷ふや蓮華草

9　題目や髭に花咲く石の苔

明治二十六年

10　花散るや法華の太鼓禅の鐘

△11　ながながと安房の岬や秋の海

明治二十七年

本門寺

12　松杉や妙法の山に秋もなし

△13　安房の海や霧に灯ともす漁船

△14　朝霧や旗翻す三万騎

本門寺

15　見上ぐれば石壇高し夕紅葉

池上松葉館二句

16　海見えて尾花が末の白帆かな

17　廻廊の曲り曲りの芭蕉哉

御命講

18　凩も負けて太鼓の木魂かな

堀内

19　手拭の妙法講をしくれけり

20　凩や鐘撞く法師五六人

船橋駅

△21　朝霧やいらかにつゞく安房の海

池上

22　山行けば御堂御堂の落葉かな

23　冬枯や遥かに見ゆる眞間の寺

妙法寺

24　冬枯や手拭動く堀の内

明治二十八年

25　元日の太鼓聞かばや法華寺

△26　伊豆の鼻安房の岬もかすみけり

△27　漁船の安房へ流るゝ春の風
28　池上を立つて戻るや春の月
　日蓮
29　四月二十八日初時雨
30　芥子散るや薬王丸は坊主なり
31　朝寒や蘇鉄見に行く妙国寺
32　妙法の太鼓聞こゆる夜寒かな
　帰郷途中
33　日蓮の死んだ山あり秋の暮
34　我国に日蓮ありて后の月
35　藁葺の法華の寺や鶏頭花
36　日の入や法師居並ぶ御命講
37　佐渡へ行く舟呼びもどせ御命講
38　上人を載する舟ありむら時雨
△39　捨舟の中にたばしる霰かな
40　眞間寺や枯木の中の仁王門
41　上人のたよりまれなり冬の菊

明治二十九年

三界無安猶如火宅

42 又けふも涼しき道へ誰が柩

中山寺三句

43 気違ひの並びし秋の夕かな

44 行く秋や狂女と語る峰の寺

45 行く秋を法華経写す手もとゞめず

中山の蕎麦屋にて

46 新酒酌むは中山寺の僧どもか

△47 七浦の夕雲赤し鰯引

48 秋風に桜咲くなり法華経寺

中山寺にて

49 釣鐘の寄進につくや葉鶏頭

日蓮宗四個格言

50 念仏は海鼠真言は鰒にこそ

明治三十年

△51 房州の沖を過行く鯨哉

明治三十一年

52 中山や狂女もこもる御命講

53 賽銭を投げる狂女や神の留守

△54 洟に狂女の恋の老いなりし

△55 年惜む狂女が恋や豆の数

△56 年忘狂女に恋す酔心

△57 灯を置かぬ狂女が部屋の寒哉

△58 行く年の御幸を拝む狂女哉

△59 一念の狂女となりぬ寒き恋

△60 竹かつく狂女に逢へり年の市

△61 寒垢離や狂女を見たる丑の時

△62 冬籠る若き狂女や坐敷牢

63 御命講の花かつぎ行く夕日哉

明治三十二年

64 鎌倉や日蓮去つて初堅魚

65 安房へ来て鰛に飽きて脚気哉

明治三十三年

66　御命講や寺につたはる祖師の筆

67　饅頭買ふて連に分つや御命講

明治三十四年

68　題目の碑がある寺の辛夷かな

明治三十五年

日蓮賛三句

69　日蓮の骨の辛さよ唐辛子

70　鯨つく漁夫ともならで坊主哉

71　鬼灯の行列いくつ御命講

これら七一句は、年代としては二四年は房総旅行で得た句。二六年の二句は、この年子規は千葉へ旅行していないので、追想句ということになる。二七年は、池上本門寺、堀内妙法寺、眞間(まま)寺(でら)（弘法寺(ぐぼうじ)）に参詣した句であるが13・14はそのおり房総旅行を思い出した追想句。二八年は県立神戸病院に入院中、病床から日蓮を追想した句と、その後帰郷しふたたび上京する間の句だが、ほとんどが追想句。この間、大阪堺にある妙国寺へ参詣した句。二九年には中山法華経寺とその関係する弘法寺などに参詣したときの嘱目句のほかは病床での追想句。三〇年から三五年まではすべて句会や病床での追想句である。追想句ということは病床六尺の仰臥の世界にあって、過去に参詣した日蓮遺跡を偲んで追想したわけで、子規の日蓮にたいする心情がただならぬものだったことを暗示させる。これらの句の内容をまとめてみると、日蓮誕生地の安房、入滅地の池上、日蓮遺文がたくさん残されている中山法華経寺などの日蓮宗本山への参拝、流罪地としての佐渡、そして季語の「御命講」に焦点があてられている。このほかに鎌倉の「辻説法跡」に立ち寄ったことを追想した短歌を残している（後述）。子規は日蓮生涯のポイントとなるそれぞれの場所へ行ったときも、あとで回想しては俳句なり短歌を詠った。

七一句を詳細にみておくと、1から14までは房総旅行における誕生寺や小湊における嘱目句。15から20、ならびに22・23・24は本門寺ならびに堀内妙法寺へ参詣したときの嘱目句。21は小湊旅行を追想しての句になる。本門寺への参詣については「閒遊半日」に記したとおり（一八六ページ）。

本門寺の「お会式」については、季語としては「御命講」が一般的で、日蓮の命日に日蓮を偲んで報恩のために営まれる法会。晩年の日蓮は身延山にあって病との闘いのなか、弟子や信徒への教化の日々を送るが、死の約一ヵ月前に温泉治療のために下山した。その途中で信徒池上邸において一〇月一三日、六一歳にて入滅した。池上邸は日蓮滅後に本門寺という寺院になり、日蓮の命日に法要が営まれるようになる。それが歳時記に採択されて「御命講」とも「お会式」とも称されるようになった。本門寺のお会式は命日の前々日から一三日にかけて行なわれ、一二日の逮夜、一三日の命日には日蓮像が開扉される。24は堀内妙法寺での嘱目句。堀内妙法寺へは19・20にもお会式の様子が詠われていた。子規の日蓮への関心というか親炙は、誕生寺や本門寺からさらに堀内妙法寺への参詣となったもの。堀内妙法寺は日蓮宗の本山のひとつで、江戸時代には参詣者は一二日の逮夜に本門寺に参詣し、夜をかけて翌日妙法寺に参詣するというお会式参詣コースが成立していた。子規の時代にもこれは踏襲されていたものか。「手拭動く」とあるのは、法会の儀式中、僧が手で祖師像を拭っている姿か、それとも冬期の間日蓮像にかけられる「お綿」であろうか。「お綿」というのは日蓮四三歳のおり遭遇した小松原法難における襲撃によって額を疵つけられたので、冬場になると傷むというところから、冬期の間日蓮像にかむせられる綿帽子である。子規はそれを「手拭動く」と詠ったものか。子規はこのほかにも後にもいうように23にある眞間の寺(弘法寺)へも幾度か参詣している。

二八年の25から28までは子規庵における追想句。28の「池上を立つて戻るや春の月」はいかにも嘱目句のように見うけられるが、この年、子規は正月以来外出の記録はないから追想句である。そして29から41までは31・32・33をのぞき、須磨保養院に一ヵ月療養中における病床での追想句になる。新聞「日本」に「最大の大宗教家なり」と発表した子規は、それを敷衍すべく俳句においても日蓮伝記の一コマ一コマを詠った。

31は妙国寺に参詣したという句だが、この寺は大阪府堺にある妙国寺。「年譜」によると二八年は正月以来どこへも外出しておらず、三月になって広島に向かう。三月五日に企画された従軍記者留送別会に出席するためだった。子規は三月三日四時一〇分発の汽車で広島に向かい、四日に途中下車して大阪に一泊した。子規はこの一両日の間に堺へ足を運ばせた。妙国寺には樹齢千年を超すという大蘇鉄があり、子規はそれを見るためにこの寺に参詣したのである。大阪での下車の主目的は知人（太田正躬）に会うためだったが、それにしても堺に件の本山が所在していることを知った子規は、どうしても足を運ばせたかったのであろう。「朝寒や蘇鉄見に行く妙国寺」と詠った。32もまた妙国寺での嘱目句。子規はこの日、朝はやく宿舎をでて堺にむかったことが31の「朝寒」、32の「夜寒」から想像される。32には「妙法の太鼓」とあるが、太鼓に関しては10、18、25にも詠っている。朝寒のなか、妙国寺では法華の太鼓にいいしれぬ感興をおぼえたのである。

また33は松山への帰郷途中、車中より遠望した風景を「日蓮の死んだ山あり」と身延山を偲んだ。日蓮が入滅したのは池上だったが、子規は身延山と勘違いしたものか。子規はこの年六月、松山に帰郷し愚陀仏庵で夏目漱石と同居することになるが、一〇月には東京の子規庵にもどった。34から39までと、50から71までは松山における作句と子規庵にもどってからの、ともに日蓮伝記に基づいた想像句。汽車に乗っていても、松山に帰っても子規は日蓮を追想してやまなかった様子がうかがわれる。子規は二九年から死の直前にいたるまで、病床六尺のなかで呻吟にうめきながらも、日蓮の苦難の生涯に眼を向けて作句にはげんだ姿は50から71までの句のなかに明白である。

そうしたなかで、69は日蓮の性格を一言で言い尽くしている。「骨の辛さ」とは日蓮が数しれぬ法難をものともせずに闘いぬいた生涯を子規はこのように詠った（ちなみに子規のカリエスは骨の腐ってゆく病気）。「唐辛子」に通う日蓮法難の端緒は三七歳における『立正安国論』の幕府への進覧によって起きた松葉ケ谷法難、伊豆伊東への流罪以来、五〇歳の竜口法難とそれに縁由した佐渡流罪までつづく。37・38・39はその佐渡流罪を詠った。「佐渡へ行く舟呼びもどせ」(37)と詠んだのは、その情景である。佐渡は、それまでの「天台沙門」から「本朝沙門」への自称、『開目抄』『観心本尊抄』等の著述、大曼荼羅本尊の図顕、上行菩薩の自覚という点で、日蓮にとって格別な場所になる。「彼国へ趣く者は死は多く、生は希なり」(『法蓮鈔』)といわれた佐渡である。日蓮は死をも覚悟したが、約二年後流謫から開放されると、隠棲した身延山において弟子の育成につとめていった。日蓮の教団は一時は壊滅状態に陥るが、弟子や信徒の熱烈な信仰によって、滅後に大きな勢力を復活、拡大してゆく。そこに遺文や曼荼羅が与って力を発揮したのである。

40から49までは中山法華経寺とその関連する眞間寺(弘法寺)へ参詣したときの嘱目句である(ただし41と42は子規庵における追想句)。弘法寺へは二七年冬にも参詣したことは23にもあるとおりだが、この寺は千葉県市川にある日蓮宗の由緒寺院。子規が法華経寺に参詣したことは、「年譜」の二九年九月二九日条に「中山寺(正中山妙法華経寺―市川市中山二丁目―)に参詣し、船橋に一泊して帰る」と記されている。このとき中山寺の蕎麦屋に立ち寄ったことは46にあるとおり。中山寺への参詣は二八年につづいての参詣となる。また三一年の「中山や狂女もこもる」(52)という句は嘱目句であるような印象をうけるが、子規はこの年上野とか本郷といった近郊へはたびたび外出はしているものの、市川へまで足を伸ばしたという記録はないから、子規庵における句会における追想句だろう。ただこの寺にはよほど未練があるらしく、幾度も参詣していることはたしかだ。それにはこの寺が手児奈(てこな)という女性の伝説を伝えていることがからんでいるようにおもわれる。寺の伝承によれば手児奈という女性は『万葉集』にも詠われていて、大変な美女だったという。そのため流麗優雅な姿に幾人もの男たちが惚れこんだ。手児奈はそれを憂慮しついに自死をとげたという。このことを子規は「狂女もこもる」と詠った。この狂女については52から62までにも詠われているから、子規はこの女性にいたく関心をしめしている。

子規の中山寺参詣に関しては、二八年の40「眞間寺や」の句の次には「山門を出て八町の冬木立」「片側は杉の木立や冬木立」「門前のすぐに阪なり冬木立」とあるから、これらは眞間寺で詠ったものだし、二九年43の「気違ひの」の次には「山門をぎいと鎖すや秋の暮」「看経や鉦はやめたる秋の暮」「不器用な仏の顔も秋の暮」とあるのも眞間寺で詠ったものとおもわれる。子規の手児奈にたいする異常な関心を示したものだが、これらはリストからはずした。また三〇年には「さめさめと狂女泣居る十夜かな」という句もあるが、「十夜」とあるからこれは中山寺とは関係ないとおもわれ、リストからはずした。なお「さめさめと」の句について、この句を選した松井利彦は、「子規には狂女の句が多い。これは従弟の藤野古白の自殺など、自己の中にそうした要因を感じていたことによるであろう」と解説している（『日本近代文学大系』第一六巻）。しかし狂女が中山寺に伝わる手児奈姫をさすことは今までみてきたとおりである。

なお23の「眞間の寺」は40にも「枯木の中の仁王門」とあるから、弘法寺を指していると思われるが、子規が参詣した当座は弘法寺は中山法華経寺と親しい関係にあったようだから、43から62にいたる手児奈姫の句に「中山寺」という前書きなどをもつ句のあるのは、手児奈姫が弘法寺に伝わるものであるにかかわらず、子規はこれを中山寺として詠ったものだろう。弘法寺と中山寺はひとつのものという観念を子規はもっていたのかもしれない。ともかくも子規が手児奈姫に異常な関心を示していたことは確かである。

66の「寺につたはる祖師の筆」の「筆」とは何か。これには①実際の筆、②日蓮遺文、③本門寺の碑文の三点が候補として考えられよう。①の「筆」とは、日蓮が実際に使用していた筆だが、これはありえない。日蓮遺品としては千葉清澄寺に「硯」、千葉法華経寺に「念珠」が確認されるが、「筆」は残されていない。②の遺文だが、日蓮遺文としては真蹟遺文がおおく現存する。なかには『立正安国論』や『観心本尊抄』のような国宝指定のものもあるが、重文指定となるとかなり現存している。子規が参詣した本門寺や堀之内妙法寺、また中山法華経寺には真蹟遺文にして国宝に指定されている『立正安国論』や『観心本尊抄』、また日蓮筆の大曼荼羅も存しているから、子規がこれらを拝したことは考えられよう。③の碑文については、子規が二七年に本門寺に参詣したおり、その参詣記に「大石碑に『日曜東方宋風長拂九界之雲　天晴南海禅月恒涵三観之水』と題すとし、「日蓮の筆なり。文字僧家の臭気を帯びず而も能書と見えたり」と記している。参詣記には「彼をして内外多事の今日に生れしめんか決して僧侶を以て終らざるなり。彼れ地下に霊あらば如何の感想を以て日清事件を見るか聞かまほし」と記している（「閒遊半日」）。以上の「筆」の考察三点から②か③であることは確かとおもうが、一つを断定することはできない。しかし子規が日蓮直筆を見たことは確かで、この「筆」は印象ぶかく子規の脳裏に焼き付いていたのであろう、そのときの感動を病床から思いだして句としたわけである。

御命講を季語として詠った句は18・36・37・52・63・66・67・71とおおい。数がおおいだけではなく、法会の様子を「太鼓の木魂」(18)、「法師居並ぶ」(36)、「花かつぎ行く」(63)と具体的に詠った。子規没年(一ヵ月前)に詠われた「鬼灯の行列いくつ」(71)は、隆盛な法要の様子を鮮やかに詠んだもの。これらは病床のなかから、かつて参詣したことを追想した句であり、そうなればこそ、日蓮への親近感がほのぼのと伝わってくる。

それにしても日蓮の残した御遺文は、さきにのべた「筆」のように、真蹟として現存しているもの、写本として残されたものをふくめると四三四編と多数にのぼる(『日蓮聖人遺文辞典歴史篇』)。そのほかにも断簡として切れぎれになったもののおおいことは注目してよい。そうした断簡の数も三五七点と多数のこされている。これらも当初はおそらく全体として保存されていただろうが、日蓮を崇拝するあまり、篤信の信者たちが遺文を護符として呑みくだしたり、あるいは本山の貫首が篤信者に褒美として遺文を切り取って与えたともいわれている。のちには堅法華(かたほっけ)といった熱烈な信仰者群像が教団の勢力をたかめてゆくことになるが、そうした経由のなかから断簡が生じたわけで、今からおもえば残念なことではある。

34は「我国に日蓮ありて」と詠う。これは日蓮贔屓の句そのもの。「后の月」とあるが、「后の月」とは名月にたいする月夜で、『日本の歳時記』(小学館版)に「旧暦八月一五日夜の中秋の名月がはればれと澄みわたるのに対して、夜寒を覚える晩秋の『后の月』には冷ややかな印象がある」

とあるが、月夜を愛でるのもいよいよ最終というところから、「名残の月」ともよばれる。子規は日蓮を遠く偲んでこのように詠ったものか。いずれにせよ、俳人としての客観姿勢の矜持を貫いたことには変わりない。48の句は子規庵の句会で読まれた想像句か中山を追想した句か確かめられないが、「秋風に桜咲く」は御命講における会式桜であろう。63の「花かつぎ行く」に通じる句だが、日蓮の亡くなった日、時ならぬ桜が咲いたということで、御命講には桜の造花が参詣者に配られる。子規は庵の句会で前年参詣した風景を追想し、日蓮へのおもいを滾らせた。この句はじつは『獺祭書屋俳句帖抄』上巻として、二五年より二九年までのなかから子規自身が厳選した句集『寒山落木』のなかに入集させたもののなかにある。「上巻」とあるから下巻も予定していたのであろうが、病状悪化のためにそれは果たすことができなかったものの、このような子規自身の選になる句集のなかに日蓮関係の句を子規は遺していた。

また50「念仏は海鼠真言は鰒にこそ」には「日蓮宗四個格言」という前書がある。戦闘的な日蓮像が当時定着していたことは、内村鑑三『代表的日本人』などからもうかがえるが、子規は逆に日蓮のそうした四箇格言に代表される批判精神に共鳴している。それはこの句ばかりではなく、翌三〇年の「新体詩」にも「蓮宗訴訟」と題して引用し、

他宗の罪を打ち鳴らす
法の太鼓は破るとも
日蓮再び生れずば

身延に人の跡絶えん

と、身延にともる法華経の法灯を消してはならぬと、つよい調子で詠っている。「念仏は海鼠、真言は鰒」と子規は詠ったが、一二三年八月一五日付夏目漱石への書簡には、「如来」を説明するのに「有にもあらず無にもあらぬ渾沌たる海鼠の如き者が如来也、我也。是に於て如来と我と隔つる所なき也。扨、此の如来といふ怪物は実体にあらずして虚体なり。虚体なるが故に見る人によりて如何様にも見える」と送っている。先にあげた真宗の摂取不捨についての感想に通じるものがあろう。

30にある「薬王丸」は日蓮一二歳からの名前で、それまでの幼少時は「善日麿」と呼ばれていた。清澄寺にのぼり仏道修行をはじめるようになってから「薬王丸」と名乗り、やがて一六歳にして出家の身となってからは「是聖坊蓮長」、三二歳より「日蓮」を名乗ることになる。「薬王丸」を句中にいれるなど、子規は日蓮年譜をしっかり読んでいたことを示すものだが、そういう意味では29の「四月二十八日初時雨」の句につうじる。この句は字たらずだが、この句は前書に「日蓮」とある。三二歳の日蓮は釈迦の本心、仏教の根本が『法華経』にあるという信念を吐露すべく、故郷清澄寺において開宗を宣言する。それが建長五年四月二八日だった。子規はそれを句に仕立てた。日蓮のばあい、そこからさらに「国は法に依つて昌え、法は人に因つて貴し。国亡び人滅せば、仏を誰か崇むべき、法をば誰か信ずべき」(『立正安国論』)と、『法華経』による国家安泰を視野にいれ、国家諫暁に身を挺していくことになる。「法華経の行者」としての生涯はそこから始まるのだが、それを唱道したことにより法難は次つぎ惹起してゆく。日蓮は法難に遭っても自説を曲げることを一切拒否した。むしろ「法華経ををしへの如く時機に当て行ずるには殊に難あるべし」（『種種御振舞御書』）と、受難こそ法華経の行者たりうるとの信念をもちつづけた。

日蓮のこのような法華経絶対主義は、親鸞や道元の主観的視野と比較すれば、仏教を客観的視野にたってみつめたものといえるだろう。その法華経至上主義をもって日蓮は国家に迫り諫暁しつづけた。この点をおさえて子規は「日蓮は終に志を成せり」といい「満身の野心を有する者」と評するのである。日蓮の主張は生涯中には受け入れられることはなかったが、遺された「法」は、「万年の外未来までもながるべし」（『報恩抄』）というもので、「御命講」として現におおくの人々の信仰を得るにいたっている。

「薬王丸」「四月二十八日」と詠った子規は、齢をかさねるごとに日蓮に深く滲透してゆく。「正岡子規年譜」によると、二八年一〇月には「日蓮年譜」を作成したとあるのだが、この時までに子規は日蓮伝記を丹念に調べあげていた。そして二四年から死の年にいたるまで、毎年のように日蓮の句を詠みつづけた。しかもそのほとんどが想像句である。二四年に千葉、二七年に本門寺などに参詣したときのことや、日蓮伝記を読んで感銘を受けたことなどを、「余命いくばくかある夜短し」といった悲痛の声をあげながら、病床においてこれらの句を詠んだ子規の姿がしのばれる。

以上、子規の詠った日蓮関係の七一句を提示したのだが、このほかに、二七年の堀内で19「手拭の」と詠ったとき、「凩や楽書兀げる仁王門」の句を得ている。そのほかに二八年の池上松葉館における嘱目句として「鐘も撞かず太鼓も鳴らず秋の暮」「杉木立中に紅葉の家居あり」「はね返る木の実の音や板庇」の三句があるが、これらはいずれも子規が抹消句扱い（講談社版『子規全集』第三巻・抹消句）としているので七一句から外した。

（一三）晩年の子規と日蓮

子規は二九年までは外出することが多々あったが、三三年六月三日に本郷で開催された短歌会に出席したのを最後に、これ以降は病床六尺のなかの生活を余儀なくされる。前引の「養痾雑記」（二八年）には「病魔は死神の如く無差別ならずとも亦公平なる一勢力なり。貴人とて恐れず富者とて避けず能く重門深閨の裏にも入り能く塵芥汚穢の間にも隠る」「病魔は公平の曲を歌いて躍れば死神は無差別の賦を奏せんとて容易しつゝあり」とある。かくて三五年は寝返りさえもできぬ状態になるが、そのあたりの状態をのべた「日本」の記者・古島一念の文章がある（古島一念「日本新聞に於ける正岡子規君」）。

三十年になつて病は所謂膏肓に入つた悪性病はそろそろ彼の骨を腐らしかけた。膿は間断なく腰の辺から流れ出る、脊髄神経は痛み出す、とうとう腰から以下はきかなくなつて仕舞つて歩行も自由自在ならざる上に大苦痛大刺激が送られた。

また看護にあたっていた河東碧梧桐は「消息」に次のように記す。

背骨の痛みは始終仰向に寝らるゝより上下の差を来しても、叱咤号叫せられ候様子、殆ど目も当られず、且は依然として下痢も止まらず（「ホトトギス」第五巻第一一号）

子規自身、死の五日前に「足あり、仁王の足の如し。足あり、他人の足の如し。足あり、大磐石の如し。僅かに指頭を以てこの脚頭に触るれば天地震動、草木号叫」（『病床六尺』）と記し、「拷問」と叫ぶ。そのような残酷きわまりない病状であるにもかかわらず、古島がその後に「野心を以って満たされたる君は最早こふなつては舞台の上に働く事が出来ないと観念」しつつも、「燃ゆるが如き信念」で俳句界に新風を送りつづけた、とのべている。「拷問」と叫びながら、子規ははげしい「野心」をもちつづけたのである。このような常人沙汰ではない状態のなかにあって、「悟りといふ事は如何なる場合にも平気で生きて居る事であつた」という世界に到達する。死と隣り合わせの病床にあって「死」ではなく、どこまでも「生」に徹して、俳句革新ばかりか短歌革新にのりだし、病床三部作という新ジャンルを自ら開拓してゆくのである。悟りを「平気で生き」ぬくところにあると悟った子規は、眼を日蓮に向ける。日蓮もまた己の「いのち」よりも「法」に生きることを信条とした。ふりかかる法難は、法華経の行者たるものの使命と受け止めたのが日蓮である。子規は「生」に、日蓮は「法」にいのちをあずけきった。

三三年三月四日、子規は次のような短歌を発表した（のち『竹の里歌』に収録）。

鎌倉の松葉が谷の道の辺に法を説きたる日蓮大菩薩

日蓮が辻説法をしたという旧蹟を一二年前に友人と鎌倉を訪れたときをおもいだし、病床六尺の中から追想した歌である。この歌には「鎌倉懐古」という前書きがある。その折の記録「鎌倉行」（二一年）には、暴風雨の荒れた天候をおして「路を転じて大仏を雨中に拝み七里の浜に出」たと記しているが、このとき日蓮旧蹟の松葉ヶ谷や辻説法跡にも立ち寄ったのだろう。鎌倉を懐古するなら、禅宗の名刹が並んでいるし、歴史をきざむ場所は随所にある。そんななかの「日蓮大菩薩」。二四年に「南無日蓮」（7）と詠んだ子規は、病床において日蓮をこのように追慕・賞讃するのである。子規はこの歌を

「説きたる」は「説きける」「説きけむ」などならではかなはずとの説あり。されど我は何故ともしらず「たる」に限るやうに思ふ。蓋し日蓮を今猶現在するが如く感ずるためか。

と説明している。「日蓮を今猶現在するが如く感ずるためか」とあるのは、子規の日蓮によせる真情であろう。子規の精神のなかで日蓮は亡くなってはいなかった。『竹の里歌』には、この他にも

日蓮を埋めし山に風は吹けどとこしへにてらす法のともし火

と詠った。三二歳の病床における追想歌である。日蓮の宗教を「とこしへにてらす法のともし火」と詠った。子規の日蓮によせる心は尋常なものではなかった。子規はどうにもならない病床の生涯を、日蓮の法難の生涯に結びつけたにちがいない。日蓮は数々の法難に屈することなく正法である法華弘通に邁進した。子規は客観的視野にたって宇宙の根源は何かと問いつづけて作句しつづけた。宇宙の根源ということでは、日蓮に「出四劫常住浄土（四劫を出た常住の浄土）」（『観

心本尊抄』）ということばがある。釈迦の永遠不壊ともいうべき絶対世界の顕現である娑婆即寂光は日蓮の目途としたものだが、そこに刃を向けて生涯をまっとうした日蓮の姿は、子規の眼には「野心」と映った。子規は作句にたいして絶対的傍観の見地から客観写生を主張しつづけたが、日蓮もまた「依法不依人」という客観的視野から四箇格言を唱えつづけた。子規の文章には「愉快」「面白い」ということばがおおく見出せるが、人生を肯定的にみた日蓮は受難を当然のごとく受け止め、自受法楽に生ききった。このあたりに両者の志向の同種性をうかがわせる素地があろう。あるいは両者に残されたおおくの文体は二人とも判りやすい。日蓮遺文は教義に関しては漢文体のものがおおく、内容も難解だが、消息文などは心うつ仮名で書かれている。子規についていは、いわれるところの病床三部作は言文一致を貫いた当時としては破格の文章である（言文一致を主唱した山田美妙は子規と同年齢）。そのような磁場にたちながら、両者はそれぞれの信念に基づいた「野心」をたぎらせた。加えていうなら、両者とも性格が明朗闊達。子規は病気、日蓮は法難という重い荷物を背負いながらも向日性の「生」を発散させていった。

子規は宗教を客観的視座にたって、「おもしろき世界」と「つまらぬ世界」を措定し、前者を相対的な煩悩世界、後者を絶対的な悟り世界としたが、そのような視座から日蓮をみつめてみると、その生涯は子規にいわせれば、「おもしろき世界」にちがいない。少なくとも子規にはそのように映った。「つまらぬ世界」とは規定できない「野心家日蓮」の生涯がそこに横たわっている。繰り返しになるが、日蓮は当初から法華経主義者だったわけではない。子規が日蓮を評して

「十六七にして志を立てしより十五六年の間は真面目に各宗派を研究せり」とのべたように、日蓮の若き日の研鑽は経典によって経典を語らせる「依法不依人」という客観的手法だった。その結論から導きだされた法華経の真実に照準があてられると、それ以後の活動は主情的な猪突猛進、鎌倉幕府や高僧たちを相手にして闘った宗教家、実践する宗教家としての日蓮がそこに存する。子規が客観姿勢を貫いて周囲の圧力に屈することなくさまざまな改革をなし遂げたように、日蓮もまた仏教を客観的立場から法華経に逢着すると、遺文中に「日蓮」と自称したように、開宗宣言以降は「日蓮」を面にたてた主情的な日蓮像を屹立させていった。

子規の衣鉢を継いだ高浜虚子が、「(子規の)肉体はだんだん衰へて行ったが精神は断末魔まで健康であつた」(『俳句への道』)といったように、子規は死の寸前まで精神は清澄だった。そのような清澄な眼で日蓮にたいして「佐渡へ行く舟呼びもどせ」(37)と詠うのである。日蓮を乗せた舟が寺泊の津から佐渡に向かおうとしている光景を想像した句である。舟を佐渡へ行かせてはならぬという日蓮への呼びかけだ。この句は子規生涯の主張である客観描写を貫きながら、主情的な視点が織りなした句になっている。受難者に対するこのような心情は、ほぼ信仰に近い日蓮への思慕の眼差しと受けとめてよかろう。この句は虚子も『子規句集』に選句しているように、客観と主観がひとつになった佳句と評することができよう。

資料　子規の宗教句とその管見

子規の句集は、子規生前に自身の編んだものとして『寒山落木』・『俳句稿』・『俳句稿以後』がある。子規没後にこれら句集のなかから各選者によって選句されていった。明治四一年発行の瀬川疎山選『子規句集』(文山堂)がもっとも古く、四千句が選句された。明治四二年六月発行の『子規遺稿・子規句集』(虚子・碧梧桐編、俳書堂籾山書店)は一万七千二百五十五句を数える。それが昭和三年五月発行「現代日本文学全集」第一一編(『正岡子規』改造社版)には二万三千余句とでている。子規の遺稿を整理してゆく段階で句数が変化したわけだが、この数字はそのまま講談社版全集にも踏襲され、今日に至っている。ただしこのなかには子規自身が抹消した句(抹消句)も含まれていて、和田茂樹によると、そうした抹消句を省いた子規の全句数は一万八千百九十一句とされている(講談社版『子規全集』第三巻解題)。

このような二万句ちかい膨大な句から、子規没後「子規句集」の名のもと、選者たちが選句していった。もっともはやいのは子規七回忌に編集(選句)された瀬川疎山選『子規句集』で、以後次々と編集されつづけ、今日にいたるまでに筆者が調べたところでは二一点が数えられた。それは次に示すとおりである。これら二一点を表三としてまとめたが、そこに「宗教句」と記したのは、全体の選句から宗教的な句数をあげたもの。子規における宗教句は、筆者の調べたかぎりでは、後に提示するように七八七句を数えることができるが、選者たちが選句した宗教句は微々たるものである。

①明治四一年　瀬川疎山選『子規句集』(文山堂)

選者・瀬川疎山についてはどのような人物かわからないが、「序」に次のようにある。「ホトトギスが初めて東京で発行された頃から、余は子規の句を面白いと見て居た。其頃から書き列ねて置いた句が、子規が歿した頃は千余句余りとなつた。其頃、子規の言行録や随筆などは出版されたが、句集は出版されない。俳人としての子規没後、其句集の刊行されぬを遺憾と思ふて居た時、人に進められて一つの分類句集を編纂した。それは句も二千余り、題句を丁寧に頼み、印刷に着手したのは三六年の暮であつた。然るに間もなく戦争(日露戦争　筆者注)が始まつて、印刷を継続されぬ事情が起つた。遂に止むを得ず半分許り紙型に取つたまま空しく今日迄、打過ぎたのであつた。所が今日に到つても矢張り何処からも出版されない。乃で再び編纂を改め、四千句許りを収め、斯くの如く出版する事とした。是が計画してから六年間、丁度子規の七回忌に出る事となつた。」

瀬川疎山はこれをさらに翌年にも出版した(②)。選句されたのは四千句を数えるが、宗教句は七八句。

②明治四二年　瀬川疎山選『子規句集』（梁江堂書店）これは①のコピー

③明治四二年六月　虚子・碧梧桐編『子規遺稿・子規句集』（俳書堂籾山書店）
選句されたのは一二三七句、宗教句は六四句。

④大正五年八月発行　内藤鳴雪・高浜虚子編『子規句集講義』（俳書堂）
選句されたのは一〇二句、宗教句は四句。

⑤昭和三年　寒川鼠骨選「現代日本文学全集」第十一編（改造社）
選句されたのは一三〇六句、宗教句は三五句。

⑥昭和六年　寒川鼠骨選『明治大正文学全集』第二〇巻（春陽堂）
選句されたのは八六〇句、宗教句は四七句。

⑦昭和一六年発行　高浜虚子選『子規句集』（岩波文庫）
選句されたのは二三〇六句、宗教句は一一五句。

⑧昭和三三年　山本健吉編『日本国民文学全集』（「現代短歌俳句集」）三五　この集は③のコピー

⑨昭和三五年『日本現代文学全集』第一六巻（講談社）この集は③のコピー

⑩昭和四〇年四月　久保田正文選『明治文学全集』第五三巻（筑摩書房）
選句されたのは七四四句、宗教句は五一句。

⑪昭和四二年　山本健吉選『日本の詩歌』三（中央公論社）
選句されたのは五〇〇句、宗教句は一三句。

表三　子規句集における宗教句

句集名	出版社	出版年	選者	全体選句	宗教句	日蓮句	大仏句
①子規句集	文山堂	明治四一	瀬川疎山	4000	78	8	8
②子規句集	梁江堂書店	明治四二	①のコピー	—	—	—	—
③子規句集	俳書堂籾山書店	明治四二	虚子・碧梧桐	1237	64	5	1
④子規句集講義	俳書堂	大正五	虚子・鳴雪	102	4	2	0
⑤現代日本文学全集	改造社	昭和三	寒川鼠骨	1306	35	5	1
⑥明治大正文学全集	春陽堂	昭和六	寒川鼠骨	860	47	4	1
⑦子規句集	岩波文庫	昭和一六	虚子	2306	115	5	5
⑧日本国民文学全集	河出書房新社	昭和三三	③のコピー	—	—	—	—
⑨日本現代文学全集	講談社	昭和三五	③のコピー	—	—	—	—
⑩明治文学全集	筑摩書房	昭和四〇	久保田正文	744	51	3	1

⑪日本の詩歌	中央公論社	昭和四二	山本健吉	500	13	0	0
⑫現代日本文学大系	筑摩書房	昭和四三	編集者	920	61	4	1
⑬日本秀句	春秋社	昭和四三	山口青邨	76	8	0	0
⑭日本文学全集	筑摩書房	昭和四五	③のコピー	—	—	—	—
⑮日本近代文学大系	角川書店	昭和四七	松井利彦	316	20	0	1
⑯日本の文学	中央公論社	昭和四九	キーン	408	31	0	0
⑰ちくま日本文学全集	筑摩書房	平成四	編集者	70	3	0	0
⑱子規の俳句	増進会	平成一四	大岡信	1400	63	2	9
⑲正岡子規の世界	雑誌・俳句	平成二二	編集者	200	13	0	2
⑳子規の宇宙	角川書店	平成二二	長谷川櫂	286	17	0	3
㉑日本文学全集	河出書房新社	平成二八	小澤實	5	1	0	0

全体で 18,191句、宗教句は 787 句、大仏句は 59句、日蓮句は 71 句→表五参照

⑫昭和四三年　編集者選『現代日本文学大系』第一〇巻（筑摩書房）
選句されたのは九二〇句、宗教句は六一句。
⑬昭和四三年　山口青邨選『日本秀句』第一三巻「明治秀句」（春秋社）
選句されたのは七六句、宗教句は八句。
⑭昭和四五年一一月　虚子・碧梧桐編『日本文学全集』六九「現代句集」（筑摩書房）③のコピー
選句されたのは三一六句、宗教句は二〇句。
⑮昭和四七年　松井利彦選『日本近代文学大系』第一六巻（角川書店）
選句されたのは四〇八句、宗教句は三一句。
⑯昭和四九年　ドナルド・キーン選『日本の文学』第一五巻（中央公論社）
選句されたのは七〇句、宗教句は三句。
⑰平成四年　編集者選『ちくま日本文学全集』第三七巻（筑摩書房）
⑱平成一四年　大岡信『子規の俳句』（増進会出版社）
選句されたのは一四〇〇句、宗教句は六三句。
⑲平成二二年六月三〇日発行の雑誌「正岡子規の世界」（「俳句」）
選句されたのは二〇〇句、宗教句は一三句。
⑳平成二二年　長谷川櫂選『子規の宇宙』（角川書店）
選句されたのは二八六句、宗教句は一七句。

㉑平成二八年　小澤實選「日本文学全集」第二九巻『近現代詩歌』（河出書房新社）

選句されたのは五句、宗教句は一句。

なおついでながら、本論とは関係ないが、高浜虚子選と大岡信選の選句方法について一言付加しておきたい。子規の「鶏頭の十四五本もありぬべし」について、大岡信は選しているが虚子は無視しているという点。このことに関連して、「虚子は子規のまじめな句を選んでいる。これに対して大岡氏は子規のおもしろい句を選んでいる」と長谷川櫂著『俳句的生活』にある。虚子と信の選句の方法を比較した文章だが、子規全集から何句かを選句されてゆくとき、そこには選句者の主観がかなり影響していることを視野にいれなければならないことを示唆した文章である。

ここからは筆者の調べたなかでの子規の宗教句七八七句を羅列してゆき、同時に選者たちが選句した句を、句の下の（　）内に①から㉑として併記した。

明治二十年　　　　　　　　　　　　　　　　三井寺

鶯や木魚にまじる寛永寺　　　　　　　　　我宿にはいりさう也昇る月（⑱⑳）

散る梅は祇王桜はほとけ哉（⑤）　　　　明治二十四年

明治二十二年　　　　　　　　　　　　　　陽炎や南無とかいたる笠の上

つくねんと大仏たつや五月雨　　　　　　鶯や山をいづれば誕生寺（③④⑤⑥⑦⑧⑨⑫⑭）

明治二十三年

魂祭ふわふわと来る秋の蝶（⑱）　　　　七浦や安房を動かす波の音

七情の外の姿や涅槃像
床の間の達磨にらむや秋の暮

　達磨図

何と見たぬしの心ぞあきのくれ
送火や朦朧として仏だち
送火や灰空に舞ふ秋の風
山の秋の雲往来す不動尊

　誕生寺

菅笠の影は仏に似たりけり

　誕生寺

岩もみな鋸山や安房の海

　誕生寺

海と山十七字には余りけり

　はじめて蓮華草をみる

南無日蓮安房は妙法蓮華草
極楽の道へ迷ふや蓮華草
題目や髭に花咲く石の苔

明治二十五年

涅槃会や蚯蚓ちきれし鍬の先（⑱）
涅槃会や何見て帰る子供達
つく鐘を唖の見て居る彼岸哉
涅槃像胡蝶の梦もなかりけり
涅槃会の一夜は闇もなかりけり
涅槃像写真なき世こそたふとけれ
花を見ぬ人の心そ恐ろしき
桜ちる此時木魚猶はげし

　灌仏

乾坤をこねて見るたれは仏かな

　京東山

どこ見ても涼し神の灯仏の灯（①②③⑤⑥⑦⑧⑨⑩⑭⑱）
雨乞や天にひゞけと打つ太鼓

　鎌倉大仏

大仏にはらわたのなき涼しさよ（⑱⑲⑳）

松陰に蚤とる僧のすゞみ哉

　邪淫戒

早乙女の恋するひまもなかりけり

　飲酒戒

灌仏や酒のみさうな顔はなし

灌仏やうぶ湯の桶に波もなし

　殺生戒

蝿憎し打つ気になればよりつかず

　聖徳太子碑

いしぶみの跡に啼けり閑古鳥

　関原

誰が魂の夢をさくらん合歓の花

ぬすんたる瓜や乞食の玉まつり（⑫）

文月や神祇釈教恋無常

水底の亡者やさわぐ施餓鬼舟（⑱）

施餓鬼舟向ふの岸はなかりけり（⑱）

うつくしきもののなげこむやせがき舟

過去帳をよみ申さんか魂迎

送火の煙見上る子どもかな

乞食の親もありけり玉祭

親もなき子もなき家の玉まつり

雨の夜はおくれ給はん魂迎

魂送り背戸より帰り給ひけり

送火の何とはなしに灰たまる

見た顔の三つ四つはあり魂祭

魂棚や何はあれとも白団子

烏帽子着て送火たくや白拍子

乞食の葬礼見たり秋の暮（⑱）

魂棚の飯に露おくゆふべ哉（①②③⑧⑨⑩⑭）

大仏やかたつら乾く朝の露

虚無僧の深あみ笠や盆の月

吹雪くる夜を禅寺に納豆打ッ（⑱）

酒のんだ僧の後生やまんじゆ沙花

達磨忌や渾沌として時雨不二

石手寺

しくるゝや弘法死して一千年

寒月に悲しすぎたり両大師

神に灯をあげて戻れば鹿の声（①②⑦⑩）

死はいやぞ其きさらぎの二日灸（⑦）

花散るや寂然として石仏（①②⑪）

どの馬で神は帰らせたまふらん（⑦⑩）

明治二十六年

一休は死んでめでたしけさの春

僧赤く神主白し国の春（⑦）

元日やとてもの事に死で見ん

老子

渾沌をかりに名づけて海鼠哉（③⑧⑨⑭）

母の詞自ら句になりて

毎年よ彼岸の入に寒いのは（③⑧⑨⑪⑭⑯⑱）

初午や禰宜と坊主の従弟どし（⑱）

涅槃像鼠の尿もあはれなり（⑱）

茶つみ歌東寺の塔は霞みけり（⑱）

大仏のうつらうつらと春日かな（①②⑤⑥）

この春も維摩の像にくれてけり

菜の花の野末に低し天王寺（⑦⑫）

霞む山根本中堂中にして

鎌倉

大仏は前とうしろの霞哉

鎌倉建長寺

陽炎となるやへり行く古柱

浅草観音

春雨やお堂の中は鳩だらけ（⑱）

三井寺をのぼるともしや夕桜（⑦⑫⑯）

釣鐘の寄進出来たり花盛（③⑦⑧⑨⑭）

花散るや法華の太鼓禅の鐘

二の尼の一の尼とふ花見哉（⑫）

瑞巌寺

政宗の眼もあらん土用干（①②③⑥⑧⑨⑩⑫⑭⑳）

摘草や三寸程の天王寺（⑫）

大仏を見つめかねたる暑さかな

二本松満福寺に宿りて

寺に寐る身の尊とさよ涼しさよ（①②⑦）

魂棚や壁のひまもる夕づく日（⑥）

二本松満福寺

広しきに僧と二人の涼み哉

夏痩の僧蘆の葉に乗て見よ

寺の庫裡に酒を入れたる蝿辷りあるを

山寺や酒のむ罪の蝿辷り

山寺の方丈深き蚊遣哉（⑦⑯）

山寺の庫裡ものうしや蝿叩（①②⑦）

蚊柱やふとしきたてゝ宮造り（③⑦⑧⑨⑭）

牛になる僧もあるらん夏の月

墓は皆涼しさうなり杉木立（⑳）

清水にもあるや神の名仏の名

追善

極楽や清水の中に蓮の花（⑱）

祇園会や錦の上に京の月（①②③⑧⑨⑩⑭）

盆過ぎの村静かなり猿廻し（⑦）

燈籠の火消えなんとす此夕（⑦）

生身魂我は芋にてまつられん（⑫⑱）

風吹て廻り燈籠の浮世かな（⑦）

施餓鬼会や水音更る後夜の鐘

鬼念仏図

稲妻に顔おそろしき念仏哉

盆の月亡者の帰る鉦の音

実相坊僧正

松風や月の障子に法の影

ながながと安房の岬や秋の海（①②⑫）

古寺に灯のともりたる紅葉哉（⑦）

秋の蚊や死ぬる覚悟でわれを刺す

瑞巌寺

経の声はるかにすゞし杉木立（⑦⑫）

薪わりも甥の僧もつ十夜かな

寺見えて小道の曲る野菊かな（⑥）

澁色の袈裟きた僧侶の十夜かな

牛も念仏聞くや十夜の戻り道

鬼婆々の角を折たる十夜かな

鄙人のかしこ過ぎたる十夜かな

達磨忌四句のうち

達磨忌や更けて熟柿の落つる音

大寺の屋根にしづまる落葉哉（⑦）

律僧の紺足袋穿つ掃除かな

鳥部野にかゝる声なり寒念仏（①②③⑤⑥⑧⑨⑩⑭）

寒念仏京は嵐の夜なりけり（⑱）

鐘うてば不犯とひゞく寒さ哉（⑫）

あの中に鬼やまじらん寒念仏（⑳）

寺もなき鐘つき堂のしぐれ哉（⑱）

南無阿弥陀仏の煤も払ひけり

我をにらむ達磨の顔や河豚汁

大仏の鼻水たらす氷柱哉（⑱）

帰り花比丘の比丘尼をとふ日哉

宮島の神殿はしる小鹿かな（⑱）

鶺鴒の糞して行くや石仏（⑤）

蚊取虫書よむ人の罪深し

傾城讃

骸骨と我には見えて秋の風

母親を負ふて出でけり御遷宮（⑦）

禅僧の寂然として今朝の春

明治二十七年

淋しさの尊とさまさる神の春（⑦）

蓬莱

三寶に東海南山庵の春

元日もたゞ尊とさの涙かな

天暗うして大仏の眼の寒哉

古寺に火鉢大きし臺処

鶯やしんかんとして南禅寺（⑤⑥⑫）

大仏の麓に寐たる湯婆哉

禅僧や仏を売て納豆汁

千年の大寺一つ雪野かな（⑥）

寺一つむつくりとして雪の原

門くづれて仁王裸に冬の月

仏立つ大磐石の氷柱哉（①②⑤⑥）

大仏のうしろ姿も長閑なり

大仏の胴中まはる二月哉

悼

三月をえらんで人の死なれける

西新井大師

法界平等鳩も餌に飽く弥生哉

順礼の乳しぼり出す日永哉

金比羅に大絵馬あげる日永哉

花見寺

踊るかな春の夕日の影法師

行春を惜むや平家物語

僧や俗や春の山寺碁を囲む（⑤⑥⑱）

大凧や伽藍の屋根に人の声

悼

切れ凧の切れて帰らぬ行へ哉

藪入の祇園清水清閑寺

足もとに雲もゐるなり涅槃像

鉦も打たで三昧を彼岸の乞食哉

うき人よ彼岸参りの薄化粧

草臥はせぬか彼岸の鉦叩き

珠数ひろふ人や彼岸の天王寺（⑦）
乞食も乗るや彼岸の渡し船
ほろほろと椿こぼるゝ彼岸哉
順礼と泊り合せる彼岸哉
大仏の眼には我等もおぼろ哉（①②）
鉦叩く乞食坊主の彼岸哉
大仏に草餅あげて戻りけり（⑦⑳）
春風や木の間に赤き寺一つ
大仏の横顔かすむ夕哉（⑱）
霞む日や屋根許りなる本願寺
梅散つて又大仏の寒げなり（⑱）
大仏につきあたりたる燕哉
梅さくや納豆を鬻（ひさ）ぐ法師あり
詩僧あり酒僧あり梅の園城寺（⑫）
梅咲くや普請出来たる大師堂
野の道や梅から梅へ六阿弥陀
山寺の大擂鉢や梅の花

山門や木の枝垂れて五月雨（⑩）
僧の坐す石ひやゝかに野梅散る
梅散つて又大仏の寒げなり
紅梅や一町奥に薬王寺
小法師に心ゆるすな女郎花

（①②③⑧⑨⑩⑭）
花の寺濁酒売の這入けり
観音の大悲の桜咲きにけり（⑦⑳）
大仏の膝にかゝるや花の雲

悼

此花がいやぢやいやぢやと死なれけん

画賛

磐の声なき寺の静かなり
山寺や石あつて壇あつてつゝじ咲く
比丘尼来て山吹折て帰りけり（⑫）
立ちよれば焔のあつし閻魔堂（⑮）
短夜をいそぐ野寺の木魚かな（⑮）

旅僧の病むや五月のかゝり船

仏生会

山寺に仏生るゝ日の淋し
卯の花に仏は黒き赤子哉
山寺や蚊帳の波うつ大座敷
仁和寺にやごとなき人の夏書哉
山寺や昼寝の鼾時鳥
蝙蝠や大仏殿の昼暗し
お僧見られよ庵は大蚤大虱
神前の鳥居を上る毛虫哉 (①②)
三井寺は三千坊の若葉哉 (⑤⑥⑫⑱⑲)

悼

新らしき墓の出来たる若葉哉
夏木立本堂古りて朱兀げたり
夏木立朱の鳥居の見ゆる哉
大寺の破風見ゆるなり夏木立
大仏のうしろに高し夏木立
大仏を見つめかねたる暑さかな (⑦)
下闇やびつくりしたる石地蔵
尼若し薄紫の燕子花(かきつばた)
随聞くつくる僧はなひるよけさの秋
小坊主のひとり鐘撞く夜寒哉 (①②⑱)

本門寺

松杉や妙法の山に秋もなし
名月や大仏の影山の如し
月見るやきのふの花に出家して (③⑧⑨⑭)
犬吠えて月傾きぬ天王寺
物もなき神殿寒し大太鼓 (⑱)
うまさうに見れば彼岸の焼茄子 (⑱)
三井寺の釣鐘うなる野分哉
安房の海や霧に灯ともす漁船 (⑱)
朝霧や旗翻す三万騎
ともしゆく灯や凍らんと禰宜が袖

朝霧の雫するなり大師堂　（⑩⑮⑯）

川崎大師堂山門を新築す

くさび打つ音の高さよ霧の中
大仏の顔をはしるや露の玉　（⑱）
禅寺の門を出づれば星月夜　（①②⑦⑯）
紅葉あり寺も社も岡の上

本門寺

見上ぐれば石壇高し夕紅葉

池上松葉館

海見えて尾花が末の白帆かな
大寺の礎残る野菊かな　（⑦）

川崎

菊咲くや大師の堂の普請小屋
荒寺や芭蕉破れて猫もなし　（⑱）

池上松葉館

廻廊の曲り曲りの芭蕉哉

大寺の静まりかへる師走かな　（⑥⑱）

御命講

凩も負けて太鼓の木魂かな　（⑱）
山僧や経読み罷めて納豆打つ　（⑱）

堀内

手拭の妙法講をしくれけり
凩や鐘撞く法師五六人
凩に大仏暮る丶上野かな

船橋駅

朝霧やいらかにつゞく安房の海　（⑫）
鐘撞いて雪になりけり三井の雲
野は枯れて杉二三本の社かな
尼寺の仏壇浅き落葉かな　（⑦⑯）
木の葉散る奥は日和の天王寺
日のさすや枯野のはての本願寺　（⑦）

池上

山行けば御堂御堂の落葉かな　（①②）

一もとの榎枯れたり六地蔵
茶の花や坊主頭の五つ六つ
山茶花に鉦鳴らす庵の尼か僧か
冬枯や遥かに見ゆる眞間の寺

妙法寺

冬枯や手拭動く堀の内

達磨賛

冬枯のたぐひにもあらず眼の光
霜月や内外の宮の行脚僧（⑯）
春三月中にあはれな涅槃像（⑫）
御手の上に落葉たまりぬ立仏（⑮⑱）
秋はまた春の名残りの三阿弥陀（⑦）

明治二十八年

元日の太鼓聞かばや法華寺
古辻や地蔵の堂のしめ飾り
大仏の膝に雲おく春日哉
石手寺へまはれば春の日暮れたり
須磨寺や春の夕雲夕嵐（③⑤⑥⑦⑧⑨⑩⑬⑭⑳）
順礼の札所出て行く日永哉
永き日を胡座かきたる羅漢哉

古白を悼む

春や昔古白といへる男あり（⑫⑲）
托鉢の尼につれだつ日永哉
永き日の奈良は大寺許りなり
石手寺やこゝも日永の婆許り
仏壇も仏も春の光哉
大仏の廻廊めぐる日永哉
大仏に戸帳垂れたり春の暮
涅槃像仏一人は笑ひけり（⑦⑪⑯）

睡猫図

鼾すなり涅槃の寺の裏門に（①②③⑧⑨⑩⑭）

法龍寺父君の墓に詣でゝ

畑打つよこゝらあたりは打ち残せ（⑫）
伊豆の鼻安房の岬もかすみけり（⑱）

奈良三句

大寺の屋根あちこちと霞哉（⑯）
薄霞南大門の赤さかな
大仏の霞まぬやうに御堂哉（①②）

法龍寺父君の墓に詣でゝ

漁船の安房へ流るゝ春の風

春日神社二句

廻廊や燈籠動く春の風
四柱の神むつまじや春の風

耶蘇教

人間が動き出しけり春の風

奈良

堂の名は皆忘れけり春の風（⑦⑯）
池上を立つて戻るや春の月
廻廊や手すりに並ぶ春の山

大仏の鼻の穴より虻一つ（⑱）
神殿や鶯走るとゆの中（⑦）
仏刻む小窓に古りぬ梅の花

松山松風席上

僧や俗や梅活けて発句十五人（⑫）
花散りぬ曰く大仏曰く鐘
古寺や葎の中の梅の花（⑦⑯）
虚無僧の頤長き桜かな
観音で雨に逢ひけり花盛（③⑦⑧⑨⑩⑭）
花咲いて坊主の顔の黒さ哉（⑱）
荒寺や簀の子の下の春の草（⑦⑯）
昼中の白雲涼し中禅寺（①②）

松山龍穏寺

めづらしや梅の莟に初桜

須磨寺

涼しさや石燈籠の穴も海（⑬⑱）

古井に柳をかきたる画に

幽霊の出るてふあたり昼涼し
須磨寺に取りつく迄の暑哉（⑦）
青簾捲けよ雲見ん岩屋寺（⑫）
　須磨寺
二文投げて寺の椽借る涼みかな
（①②⑩⑫）
墨染に衣かへたり最明寺
狂僧の寺追はれたる袷かな
夏痩か否かと問へば維摩黙
　須磨寺
御仏も扉をあけて涼みかな（⑦⑱）
夏山に鳥居の笠木宮の屋根
　須磨寺
山門や青田の中の松並木（⑥⑦）
　日蓮
四月二十八日初時雨
　春日
御本社につきあたりけり夏木立
　古白百ヶ日
蓮咲いて百ヶ日とはなりにけり（⑱）
卯の花に経よむ声のなまめかし
無住寺と人はいふなり百日紅（⑱）
芥子散るや薬王丸は坊主なり
野の寺の夏草深み隠れ猫（③⑥⑧⑨⑭）
　仏教
極楽は赤い蓮に女かな（⑦）
　観山翁の墓に詣でて
朝寒やひとり墓前にうづくまる（⑱）
瓜好の僧正山を下りけり
（①②③⑤⑥⑧⑨⑩⑫⑭）
一銭の釣鐘撞くや昼霞（①②⑥⑮）
朝寒や蘇鉄見に行く妙国寺
妙法の太鼓聞こゆる夜寒かな
仏壇のともし火消ゆる夜寒哉

大寺に一人宿かる夜寒かな

須磨寺の門を過ぎ行く夜寒哉　（①②③⑧⑨⑩⑭）

奈良角定にて

大仏の足もとに寐る夜寒哉　（①②⑦⑩⑮⑲⑳）

長き夜や初夜の鐘撞く東大寺

藪寺に磬打つ音や秋の暮　（⑤⑥⑦）

老僧に棒加へけり秋の暮　（⑦）

大仏をまはれば淋し秋の暮

秋の暮われよと許り鐘を撞く

帰郷途中

日蓮の死んだ山あり秋の暮　（⑦⑫）

大仏に二百十日もなかりけり

行く秋や奈良の小寺の鐘を撞く　（⑩⑯）

寺々に秋行く奈良の月夜かな

感あり

行く秋の我に神無し仏無し　（①②⑤⑥⑦⑯）

法華寺

尼寺や寂寞として秋の行く　（⑦）

法隆寺二句

行く秋をしぐれかけたり法隆寺　（③⑦⑧⑨⑫⑭⑱⑲）

行く秋を雨に汽車待つ野茶屋哉

ともし灯や鹿鳴くあとの神の杜　（⑯）

不折の奈良に行くといふに

画でおくれ奈良の寺々夏木立　（⑫）

奈良の秋の唐招提寺西大寺

禅寺やさぼてん青き庭の秋

めづらしや僧来て秋の運座哉

千秋寺二句

山本や寺は黄檗杉は秋

画をかきし僧は今あらず寺の秋

おろそかになりまさる世の魂祭（⑦）
盂蘭盆や無縁の墓に鳴く蛙
魂祭る門を覗くや物狂ひ
病んで父を思ふ心や魂祭（⑦⑫）
いざたまへ迎火焚てまゐらせん

戦後

魂棚やいくさを語る人二人（⑦⑪）
燈籠をともして留守の小家哉（⑦⑩⑫）
同じ事を廻燈籠のまはりけり（⑦⑩）
迎火や父に似た子の顙の明り（⑫）
送火のもえたちかぬる月夜哉
生身魂七十と申し達者也（⑦⑫）
家族従者十人許り墓参（①②③⑧⑨⑭）
棚経や小僧面白さうに読む
（①②③⑦⑧⑨⑩⑭）
残る蚊の痩せてあはれや施餓鬼棚（⑫）
施餓鬼舟はや龍王も浮くぶべし（①②⑦）

盆過の小草生えたる墓場哉（⑦）

法隆寺

仏舎利とこたへて消えよ露の玉

薬師寺仏足跡

千年の露に消えけり足の跡（⑫）

春日社

灯をともすや露のしたゝる石燈籠（⑩）

正宗寺にて

名月や寺の二階の瓦頭口（⑦）

達磨賛

兎角して九年の月見友もなし
我国に日蓮ありて后の月（⑦）
昼の灯や本堂暗く秋の風（⑯）
山陰や寺吹き暮るゝ秋の風
月上る大仏殿の足場かな
（③⑦⑧⑨⑩⑭⑱）
藪寺の釣鐘もなし秋の風

幽霊の如き東寺をおぼろ哉（①②）
秋風や奈良の仏に札がつく
夕月や松影落つる坐禅堂
般若寺の釣鐘細し秋の風（⑦⑫）

東大寺　三句

大仏の尻より吹きぬ秋の風（⑱）
大仏の大きさ知れず秋の風（①②）
紅葉焼く法師は知らず酒の燗（③⑦⑧⑨⑩⑭）
秋風に吹かれたやうな仁王哉

須磨寺

秋風や平家吊ふ経の声（①②⑦）

石手寺

秋風や何堂彼堂弥勒堂

常楽寺

狸死に狐留守なり秋の風

道後宝厳寺

色里や十歩はなれて秋の風
無住寺に荒れたきまゝの野分哉（⑦）
大仏の鼻の穴から野分かな（⑱）

石手寺

護摩堂にさしこむ秋の日し哉

東雲神社

社壇百級秋の空へと上る人
大仏か眞黒なるは星月夜
三井寺や湖水の上の星月夜
秋の山御幸寺と申し天狗住む
秋の山五重の塔に並びけり

御幸寺山の麓にて

秋の水澄みぬ天狗の影もなし

奈良

蟲鳴くや金堂の跡門の跡
仏壇の柑子を落す鼠哉（①②③⑦⑧⑨⑩⑭）

法隆寺の茶店に憩ひて
柿くへば鐘が鳴るなり法隆寺（①②③⑤⑥⑦⑧⑨⑩⑪⑫⑬⑭⑮⑯⑱⑲⑳）
明き寺や取り乱したる萩の花
　高臺寺
太閤の像の古びや萩の花
朝寒やたのもと響く内玄関（③⑧⑨⑭⑯）
僧もなし山門閉じて萩の花（⑦⑯）
大寺の施餓鬼過ぎたる芭蕉哉（③⑧⑨⑭）
藁葺の法華の寺や鶏頭花（①②③⑤⑥⑧⑨⑭）
南無大師石手の寺よ稲の花（①②⑤⑥⑦⑫）
　松山にて「松風会」（「散策集」）吟行のなかで
真宗の伽藍いかめし稲の花（⑦⑯）
　石手寺

二の門は二町奥なり稲の花（⑦）
　ある寺にて
本堂やうらへまはれば稲の花
　法隆寺
稲の雨斑鳩寺にまうでけり（①②③⑦⑧⑨⑩⑫⑭）
順礼や稲刈るわざを見て過る（⑦）
　石手寺
通夜堂の前に栗干す日向哉（①②③⑦⑧⑨⑩⑭⑮）
山門や浮世ながむる年の暮
仏焚いて仏壇感し味噌の皿
旅僧のとまり合せて十夜哉
日の入や法師居並ぶ御命講
佐渡へ行く舟呼びもどせ御命講（⑦）
寒念仏に行きあたりけり寒念仏
通るなりまた寒念仏五六人

煤払や神も仏も草の上（⑮⑱⑳）
大仏の雲もついでに煤はらひ
仏壇に風呂敷かけて煤はらひ（⑦）
千年の煤もはらはず仏だち（⑥⑦⑫⑱⑲）

達磨賛

冬籠物くはぬ日はよもあらじ
上人を載する舟ありむら時雨
旅僧の牛に乗つたる時雨哉
三井寺に楓と湖水の時雨哉
帰り咲く八重の桜や法隆寺（⑩⑮）
大仏の鐘が鳴るなり小夜時雨
辻堂に火を焚く僧や夜の雪（⑮）
大仏の片肌雪の解けにけり
大仏のみじろきもせぬ霰哉
旅僧の笠破れたる霰哉
捨舟の中にたばしる霰かな
尼寺の錠か丶りけり門の霜
眞間寺や枯木の中の仁王門
枇杷咲くや寺は鐘うつ飯時分
山門や妙なところに枇杷の花
古寺や大日如来水仙花（③⑦⑧⑨⑭）
上人のたよりまれなり冬の菊
寒菊や修復半ばなる比丘尼寺（③⑧⑨⑭）
尼寺に冬の牡丹もなかりけり（⑦）
喃（なう）お僧初瓜一つめすまいか（⑪）
静かさや稲の葉末の本願寺（①②）
冬ごもり達磨は我をにらむ哉

明治二十九年

とにかくに坊主をかしや花の春（⑦）

釈迦三味線を弄ぶ図に題す

元日は是も非もなくて衆生なり（⑫）
浅草やや丶あたたかき撫仏（⑪）
僧返る竹の小道の余寒哉

家君の二十五回忌にあひて

手向くるや余寒の豆腐初桜
　牛の画に
うら丶かや牛の間の善光寺
永き日や衛門三郎浄瑠理寺
永き日や本堂めぐる蟻の道
　家君二十五回忌
其春も二十五年の春かな
　病に臥して
我老いぬ春の湯たんぽ維摩経
涅槃界の鐘鳴らしけり真昼時
金箔の兀げて尊し涅槃像
古店や買人もなくて涅槃像
御普請の出来て御影供の鐘が鳴る
牡丹餅の昼夜を分つ彼岸哉
春風や遍路飯くふ仁王門
欄間には二十五菩薩春の風
（①②③⑦⑧⑨⑫⑭）

山寺に城を見下ろす霞哉
山寺の昼飯遅き霞かな
　駒形
春雨や二十五番の観世音
禰宜も居らず野社荒れて春の月
　上野
花の山鐘楼ばかりぞ残りける（⑦）
春の野の人なつかしみ嵯峨御室
信者五六人花輪かけたる棺涼し（⑦⑯）
大仏の顔よごれたり山桜（⑫）
大仏の耳かくれけり山桜
大仏を見に行く花の小道哉
つ丶じ咲く絶壁の凹み仏立つ
　古白一周忌
今年又花散る四月十二日（⑱⑳）
寺ありて菜種咲くなり西の京
短夜や幽霊消えて雛の声

短夜やしやべりの小僧味噌を擂る
短夜の幽霊多き墓場かな
禅寺に何もなきこそ涼しけれ

　三界無安猶如火宅

又けふも涼しき道へ誰が柩
（③⑧⑨⑩⑫⑭⑱）
尼もなし庵住みあれて夏の藤

　五百羅漢

涼しさうな羅漢熱さうな羅漢哉
極楽は衣も更へず仏だち
涅槃より五十日にして仏生会
早少女に物問ふて居る法師哉
涅槃像また虫干に出たりけり
僧来ませり水飯なりと参らせん（⑦⑫）
大仏の頭吹きけり青嵐（①②）
大仏やだらりだらりと五月雨
大仏や眼許り光る五月雨

　戦死者を弔ふ

匹夫にして神と祭られ雲の峯
（①②③⑥⑦⑧⑨⑩⑭⑯）
大仏の扉をのぞく鹿の子哉
大寺や椽の下より蚊喰鳥
提灯で大仏見るや時鳥
水鶏（くひな）やんで山僧門を叩きけり
宮か寺か若葉深く灯のともれるは
須磨寺のとも火うつる青田哉（⑤⑥）
山門に雲を吹きこむ若葉哉
あらたかな神のしづまる若葉哉
しんしんとして夏木立中禅寺
八人の子供むつましクリスマス
（①②③⑥⑧⑨⑭⑮）
野の中の小寺や百日紅咲けり
百日紅咲くや真昼の閻魔堂
藪寺や筍のびる経の声

寺に坐して村を見下す牡丹哉
御門主の女倶したる蓮見哉　(①②⑤⑥⑦⑩)

僧吝し本堂脇の茄子畠
刻みあげし仏に対する今朝の秋
腹に響く夜寒の鐘や法隆寺　(⑮)
経を講ず肌寒きこと五十年
朝寒や小僧ほがらかに経を読む
牧師一人信者四五人の夜寒かな　(①②)
大寺のともし少き夜寒かな　(①②⑩)
勤行のすんで灯を消す夜寒かな　(①②⑤⑥⑩)

道ばたの仏も秋の夕かな

中山寺

気違ひの並びし秋の夕かな
山門をぎいと鎖すや秋の暮　(①②⑥⑦⑩⑮⑯⑲)

燈籠に灯ともさぬ家の端居哉　(⑦)
看経や鉦はやめたる秋の暮　(⑩⑱)
不器用な仏の顔も秋の暮

悼

長き夜や念仏の声豆の音
大仏を見て鹿をみて秋暮るゝ
行く秋や狂女と語る峰の寺
行く秋を法華経写す手もとゞめず　(⑦⑩)
行く秋を杉寂として赤き宮

本来無一物

物もなしわれに秋さへなかりけり
行く秋の鐘つき料を取りに来る　(⑮⑲)
魂祭団子をくへといはれけり
来たまはぬもあるべし旅の魂祭
魂棚の火を吹き消しぬ夕嵐
無縁様の供物すつれば鴉鳴く
ごたごたと並べたてたり魂祭

我病んで魂祭るべくもあらぬ身よ
亡き妻や燈籠の陰に裾をつかむ（⑩）
燈籠の二つ掛けて淋しき大家かな（⑩）
御先祖はうしろの方に聖霊棚
聖霊やすこし後から女だち（⑪）
送り火にさつさつ帰り給ひけり（⑪）
去年よりちいさき燈籠吊しけり
目じるしや昼は杉夜は高燈籠

中山の蕎麦屋にて

新酒酌むは中山寺の僧どもか（①②③⑧⑨⑩⑫⑭）
鐘撞くや夜明けて霧に流れ居る
大仏の腹をのぞけば秋の風

靖国神社

誰やらが睨んでござる秋の風

興福寺

無著天親其外の仏秋の風
旅僧の吹き飛ばさるゝ野分哉

元光院

崖上に月見る声や五六人
所化二人鐘撞きならふ三日の月
鐘を撞く坊主見えけり杉の月
碁僧碁を打ち詩僧詩を吟ず月
妙法も阿弥陀も照せ南無月夜

睡猫図

鼾すなり涅槃の寺の裏門に（①②）
大仏の夕影長き刈田哉
草花や寺無住にして鹿の糞
森濡れて神鎮まりぬ秋の山（⑯）
七浦の夕雲赤し鰯引（①②③⑤⑥⑧⑨⑩⑭）
悪僧の女促ふる紅葉かな
方等と般若と懸る紅葉哉
寺やある夕山紅葉木魚打つ

梨くふは大師戻りの人ならし
秋風に桜咲くなり法華経寺（⑩）
仏へと梨十ばかりもらひけり
栗焼いて経義争ふ法師かな
（①②③⑥⑦⑧⑨⑩⑭）
禅寺の柚味噌ねらふや白蔵王
僧房を借りて人住む萩の花（⑦⑩）
老僧や手底に柚味噌の味噌を点す
（①②③⑧⑨⑩⑭）
老僧の爪の長さよ冬籠（③⑦⑧⑨⑩⑭）
小僧既に柚味噌の底を叩きけり
名処や小僧案内す萩の庭
尼をその尼をなつかしみ萩の門
道慾な坊主銭取る寺の萩
十字架の墓に薄もなかりけり
十里来て旅僧暮れぬ女郎花
鶏頭の昼も過ぎたり念仏講

中山寺にて
釣鐘の寄進につくや葉鶏頭（⑩）
霊山の麓に白し菊の花
叱られて芋嫌ひの小僧泣きにけり
稲の花阿弥陀を買ふて戻りけり
大寺の上棟式や稲の花（①②）
義農神社
宮立て丶位ねの神とぞあがめける
稲刈りて真宗寺の残りけり
大寺の椽広うして小春哉（③⑧⑨⑩⑭）
念仏に紛らして居る寒さ哉
くらがりに大仏見ゆる寒さ哉
僧正の頭巾かぶりぬ市の月
仏壇に水仙活けし冬至哉（⑦）
臘八や河豚と海鼠は従弟どし
此頃は蕪引くらん天王寺
納豆の声や坐禅の腹の中

禅僧を悼む

骨は土納豆は石となりけらし

風呂吹や狂歌読むべき僧の顔

風呂吹に集まる法師誰々ぞ（⑩）

名月和尚百年忌

風呂吹を喰ひに浮世へ百年目

禅寺のつくづく古き時雨哉

題釈迦弾三弦図

凩や観ずれば皆法の声

愚庵和尚に寄す

凩の浄林の釜恙なきや（⑩）

凩や禰宜帰り行く森の中（⑫）

夜の雪辻堂に寐て美女を夢む

石蕗の葉の霜に尿する小僧かな（⑩）

日蓮宗四個格言

念仏は海鼠真言は鰒にこそ

堂寒し羅漢五百の眼の光（⑫）

茶の花に鰈乾したり門徒寺（⑥⑫）

茶の花や詩僧を会す万福寺

冬枯や神住むべくもなき小宮

冬枯の地蔵の辻に追剥す

赤子泣く真宗寺や冬の月（⑫）

氷る田や八郎稲荷本願寺（⑤）

無為にして海鼠一万八千歳（③⑧⑨⑭）

明治三十年

彼岸過ぎて草花の種貰ひけり（①②）

旅人のついでに参る彼岸かな

賽銭の椽にこぼるゝ彼岸かな

彼岸には死れける往生疑ひなし

野の道に彼岸の人のつゞきけり

春雨や僧愚にして文殊画く

七回忌

陽炎や七年前の顔見ゆる

春風や鳩飛ぶ処本願寺

鶯の松になく也寛永寺
僧房の広き窓に梅の影を印す
僧寐たり廊下の満つる梅の影（⑮）

弔古白

古白死して二年桜咲き我病めり（⑱）

上野

大仏を埋めて白し花の雲

招魂社奉納　二句

鏡掛けて御魂を移す桜哉
楽聞え花ふり御魂降るらし

寄愚庵師

霊山や昼寐の鼾雲起こる（①②④⑤⑥⑦⑫）

立花天神礼

薫風や大文字を吹く神の杜
石垣に仏彫る寺の清水哉
寺の蚊の痩せて参詣の人を刺す

念仏や蚊にさゝれたる足の裏
蠅を打ち蚊を焼き病む身罪深し
朝寒や木魚打とやんで履の音

犬の死を悼む

長き夜を汝が吠ゆる声も聞ざりき
石ころで花いけ打や墓参

神田祭

秋高く花車空に並ぶ城の北
万灯の過ぎ行くあとを星月夜
大仏も鐘も濡れたり森の露（①②）
成仏の蛤となる雀かな（①②）
やかましきものニコライの鐘秋の蝉
禅寺の渋柿くへば渋かりき

愚庵より柿をおくられて

御仏に供えあまりの柿十五（③⑦⑧⑨⑪⑫⑬⑭⑮⑱⑲⑳）
柿熟す愚庵に猿も弟子もなし

稍渋き仏の柿をもらひけり（⑦）
蓮の実の天女五衰の夕飛ぶ
蓮の実の飛ばで小僧に喰れたる
蓮の実の飛ばねど淋し本願寺
極楽は蓮の実飛んで月丸し
（①②③⑧⑨⑭）
蓮の実の飛や出離の一大事（⑦）
本尊は阿弥陀菊咲いて無住なり（⑦⑫）
蜻蛉の地蔵なぶるや小春の野
追々に狐集まる除夜の鐘
出家せんとして寺を思へば寒さ哉
（⑦⑫⑯）
ケットーの赤きを被り本願寺
老僧は人にあらず乾鮭は魚に非ず
（③⑧⑨⑫⑭）
鯛や柩を埋む五六人（⑯）
鍋焼を待ち居れば稲荷様と呼ぶ

我は京へ神は出雲へ道二つ
さめさめと狂女泣居る十夜かな（⑮）
穴荒て狐も留守よ神の供
病む人の仏間にこもる煤はらひ
乾鮭は成仏したる姿かな（③⑧⑨⑭）
一休の糞になつたる海鼠哉
房州の沖を過行く鯨哉

明治三十一年

祇園会や二階に顔のうづ高き
（③⑦⑧⑨⑭⑳）
南より春風吹くや東大寺
春の山春の水御魂鎮まりぬ（③⑧⑨⑭）
開帳の東風に吹かるゝ秘仏哉
病僧や杜若（かきつばた）剪る手のふるへ（⑦⑫⑯）
大仏の頭出したる霞かな（①②）

上野

三味提げて大仏見るや花の山

権現や桜もまじる杉の雨（⑥）
仏壇に桃活けてある三日哉
蒲公英や釣鐘一つ寺の跡

中禅寺

月に水涼しき夕神あらん

長命寺

葉がくれに小さし夏の桜餅
灌仏を覗いて通る旅路哉
善き人の花の供養や仏生会
花御堂の花しほれたる夕日哉
灌仏や童集まる朝まだき
つゝじ多き田舎の寺や花御堂（⑥）
げんげんの下で仏は生れけり（⑦⑯）
灌仏や浮世は罌粟の花盛
里寺の仏は小さき甘茶哉
乞食に甘茶を分つ童かな
門前の店や榓と氷水

寺しんと昼寐の鼾聞えけり
幽霊の出る井戸涸れて雲の峰
夏山や五十二番は岩屋寺（⑤⑥）
藪寺や鶯老いて音にうとき
五智如来蝙蝠飛で無住なり
愛憎は蝿打つて蟻に与へけり（⑦）
病僧を扶けまゐらす蓮見哉
老僧の文と新茶と筍と
尼寺の庭に井あり杜若
尼寺や尼がつくりし茄子畠
病僧の門でて歩む麦の風

元光院観月会　六句のうち

庭の灯に人顔映る夜寒哉
御仏と襖隔つる夜寒哉（⑥）
秋深し仏にそゝげ般若湯

正倉院

風入や五位の司の名に下り（⑦）

夜更けて施餓鬼の燈籠流しけり（①②）
水の音施餓鬼涼しき灯影哉
由緒ありて泥鰌施餓鬼と申しけり
夕餉はて丶迎火を焚くいそぎ哉
迎火や心いそぎの夕間暮
迎火の消えて人来るけはひ哉
撫子に迎火映る小庭哉
迎火や墓は故郷家は旅（①②③⑧⑨⑭⑱）
昼飯は精進鮓や魂祭
いちはやく迎火焚きし隣哉
僧の老の鳴子引く罪後世近し
鳴子引く僧の後生や臼の餓鬼
須磨寺や月が出て居て初嵐

元光院観月会

ある僧の月も待たずに帰りけり（③⑦⑧⑨⑭⑯⑱⑲）
山寺や松ばかりなる庭の月

蜩や尼こ丶に住む二十年

元光院

秋の蚊や墓場に近き寺の庫裡

元光院

くたびれし僧の鼾や蟲の声
御社や庭火に遠き浮寝鳥（⑥⑰）
三十六坊一坊残る秋の風（③⑤⑥⑦⑧⑨⑪⑫⑭）
仏壇に鶏頭枯る丶日数哉（①②）
神集め神の結びし縁なれや

元光院観月会

老僧に通草をもらふ暇乞（③⑦⑧⑨⑫⑭）
炭はねて七堂伽藍灰となりぬ
中山や狂女もこもる御命講（①②）
賽銭を投げる狂女や神の留守
頭巾著て浄土の近き思ひあり
信心のはじめに著たる頭巾哉

冬籠和尚は物をのたまはず
御命講の花かつぎ行く夕日哉
明治三十二年
廻向院の相撲はじまる松の内
神宮の判すわりけり初暦
憎まる丶小僧は蜂にさゝれけり
徒歩で行く大師詣や梨の花
弁天の楼門赤き桜哉
観山翁二十五回忌
軸掛けて椿活けたる忌日かな
鎌倉や日蓮去つて初堅魚（①②）
禅堂や月さし入る甃
寺に待つ観月会の車哉（①②）
お寺より月見の芋をもらひけり（③⑧⑨⑭）
安房へ来て鰮に飽きて脚気哉（①②⑱）
神を祝ふ小豆の飯や今年米

新米や方丈様へ一袋
婆つれし仏参りや稲の花
墓参の帰りを行くや菊細工
達磨忌や枳穀寺に提唱す
先発や出雲へかゝるさゐの神
弁当の小豆の飯や神の旅
釈迦に問て見たきことあり冬籠（①②⑤⑥⑰）
明治三十三年
経を講しあるは畑打ち釣を垂れ
不可得来ル
仏を話す土筆の袴剥きながら（③⑦⑧⑨⑫⑭⑱）
静渓先生七回忌
桜散つて山吹咲きぬ御法事
仏壇の山吹散りし茶湯かな（⑥）
夏籠や仏刻まむ志

お釈迦様の尻まだ青き産湯哉

蝿打つて坐禅の心乱れけり

下駄であがる社の椽や散紅葉

石仏に水をかけたる施餓鬼哉

林檎くふて牡丹の前に死なん哉

大仏の眼光るや星月夜

御命講や寺につたはる祖師の筆

饅頭買ふて連に分つや御命講（①②）

仏壇も炬燵もあるや四畳半（⑦）

羅漢寺の仏の数や煤払

仏壇の菓子うつくしき冬至哉（③⑦⑧⑨⑭）

明治三十四年

桜花　釈教

名ある寺の桜に多き石碑かな

題目の碑がある寺の辛夷かな

馬の尾に仏性ありや秋の風

草木国土悉皆成仏　二句（①②⑤⑥⑱⑳）

糸瓜さへ仏になるぞ後る丶な（①②⑥⑦⑪⑫⑬⑱⑲⑳）

成仏や夕顔の顔へへちまの屁（①②⑬⑱）

お萩くばる彼岸の使行きあひぬ（⑬）

蓮の実や飛んで小僧の口に入る

明治三十五年

大仏の目には吾等も朧かな

千本が一時に落花する夜あらん（⑦⑯）

今朝見れば萎れし花の御堂哉

陽炎や石の魂猶死なず（③⑧⑨⑭）

解しかぬる碧巌集や雑煮腹（①②⑥⑮）

蝶飛ぶやアダムもイヴも裸なり（①②）

時鳥辞世の一句なかりしや（⑦）

律院の苔の光や春の雨（⑤⑥）

法然賛

念仏に秀はなけれども藤の花（①②③④⑤⑦⑧⑨⑫⑭）

弘法賛

龍を叱す其の御唾や夏の雨（①②③⑤⑧⑨⑭）

智月

義仲寺へ乙州つれて夏花摘（⑦⑫⑱）

日蓮賛

日蓮の骨の辛さよ唐辛子（③⑤⑧⑨⑭）

親鸞賛

御連枝の末まで秋の錦哉（①②③⑤⑧⑨⑭）

伝教賛

此杣や秋を定めて一千年（⑤）

日蓮賛

鯨つく漁夫ともならで坊主哉（③④⑤⑥⑧⑨⑫⑭）

鬼灯の行列いくつ御命講（③⑤⑧⑨⑭）

糸瓜咲て痰のつまりし仏かな（③⑦⑧⑨⑪⑫⑬⑭⑮⑯⑰⑱⑲⑳㉑）

以上、子規の宗教句をみた。子規生涯の句は一万八一九一あるが（抹消句を含めると二万三六四七句）、大谷弘至句集『蕾』に「そら豆や子規といへども駄句二万」といい当てているように、たしかに佳句はすくない。子規は全句を整理はしていたものの、「即事」ということばがあるように、見たもの感じたことをそのまま句に託した句がおおく、ゆっくりと推敲する余裕がなかったかもしれない。そのことが宗教句にもあてはまるようである。

なお以上の七八七句は筆者の主観的見地より採取したものなので、この数は確定的なものではないことを付言しておきたい。

宗教句七八七のうち、選句者が一句以上選句した句数は三〇六を数えるが、そのすべては右に提示した句を参照されたい。ともかくも七八七句のなかから、各選者たちが選句した句のなかで多数の支持をえた句（九点以上）を（表四）に表示した。その一七句は次のとおり。

柿くへば鐘が鳴るなり法隆寺
糸瓜咲て痰のつまりし仏かな
御仏に供へあまりの柿十五
どこ見ても涼し神の灯仏の灯
糸瓜さへ仏になるぞ後るゝな
匹夫にして神と祭られ雲の峯
政宗の眼もあらん土用干
石手寺へまはれば春の日暮れたり
瓜好きの僧正山を下りけり
念仏は秀はなけれども藤の花
鶯や山をいづれば誕生寺
七浦の夕雲赤し鰯引
三十六坊一坊のこる秋の風
律僧の紺足袋穿つ掃除哉

稲の雨斑鳩寺にまうでけり

通夜堂の前に栗干す日向哉

仏へと梨十ばかりもらひけり

子規が小さな社など目立たぬ神さまにも手をあわす人だったことは、「野は枯れて杉二三本の社かな」「禰宜も居らず野社荒れて春の月」などという句にあらわれているが、神社へ参詣した句は「神に灯をあげて戻れば鹿の声」「淋しさの尊とさまさる神の春」「宮島の神殿はしる小鹿かな」「あらたかな神のしづまる若葉哉」などとあり、神への思いが素直に詠みこまれている。そんななかで春日神社参拝の句がめだつ。「廻廊や燈籠動く春の風」「四柱の神むつまじや春の風」等々。なかには「僧赤く神主白し国の春」という神と仏とを赤と白という色彩で色分けした句もある。他には「冬枯や神住むべくもなき小宮」「我は京へ神は出雲へ道二つ」「神を祝ふ小豆の飯や今年米」「先発や出雲へかゝるさゐの神」「弁当の小豆の飯や神の旅」等々。これらの句を読むと、神といえども、崇敬の念とともに、神をも突き放した感はいなめない。俳句の作品はしかしそこにこそ俳味をもたらすわけで、単に崇敬の念だけを表にだしていては句としては生きてこないだろう。

子規は日常における仏教生活の一端を何の変哲もなく写生という方法で詠ってゆくが、宗教句として圧倒的におおいのが仏教的な句である。子規における仏教的な俳句はけっして難解な仏教思想を含蓄したものではない。このことは子規の周辺に出入りしていた僧侶たちの影響も考えて

表四　多くの選者が選んだ子規の宗教句

年代	二八	三五	三〇	二五	三四	二九	二六	二八	二八	三五	二五	二九	三〇	二六	二八	二八	二九
子規の宗教句／句集と選者	柿くへば鐘が鳴るなり法隆寺	糸瓜咲て痰のつまりし仏かな	御仏に供へあまりの柿十五	どこ見ても涼し神の灯仏の灯	糸瓜さへ仏になるぞ後るゝな	匹夫にして神と祭られ雲の峯	政宗の眼もあらん土用干	石手寺へまはれば春の日暮れたり	瓜好きの僧正山を下りけり	念仏は秀はなけれども藤の花	鶯や山をいづれば誕生寺	七浦の夕雲赤し鰯引	三十六坊一坊のこる秋の風	律僧の紺足袋穿つ掃除哉	稲の雨斑鳩寺にまうでけり	通夜堂の前に栗干す日向哉	仏へと梨十ばかりもらひけり
①疎	○			○	○	○	○		○	○		○		○	○	○	○
②疎	○			○	○	○	○		○	○		○		○	○	○	○
③虚碧	○	○	○	○		○	○	○	○	○	○	○	○	○	○	○	○
④虚鳴										○	○						
⑤鼠	○			○		○		○	○	○	○	○	○	○			
⑥鼠	○			○	○	○	○	○	○		○	○	○	○			○
⑦虚	○	○	○	○	○	○		○		○	○		○		○	○	○
⑧虚碧	○	○	○	○		○	○	○	○	○	○	○	○	○	○	○	○
⑨虚碧	○	○	○	○		○	○	○	○	○	○	○	○	○	○	○	○
⑩正	○			○			○	○	○			○		○	○	○	○
⑪健	○	○	○		○								○				
⑫編	○	○	○		○		○		○	○	○		○		○		
⑬青	○	○	○		○			○									
⑭虚碧	○	○	○	○		○	○	○	○	○	○	○	○	○	○	○	○
⑮利	○	○	○													○	
⑯キーン	○	○				○											
⑰編		○															
⑱信	○	○	○	○	○												
⑲編	○	○	○		○												
⑳櫂	○	○	○		○		○	○									
㉑實		○															
計	18	15	12	11	10	10	10	10	10	10	9	9	9	9	9	9	9

選者名の「疎」は瀬川疎山、「虚」は高浜虚子、「碧」は河東碧梧桐、「鳴」は内藤鳴雪、「鼠」は寒川鼠骨、「正」は久保田正文、「健」は山本健吉、「青」は山口青邨、「利」は松井利彦、「キーン」はドナルド・キーン、「信」は大岡信、「櫂」は長谷川櫂、「實」は小澤實、「編」は編集者。選者名の前の数字は表三の句集名を表す。

よいが、根柢的にはおそらく故郷松山において幼少時より習慣づけられていたものではなかったか。正岡家の宗旨は禅宗だったが、子規はそのことには一向無頓着で、仏教そのものを概略理解しようと努めていたふしがある。むしろ日常生活そのもののなかに仏教を定着させていた。

その一端が仏壇の句である。仏壇をおがむ習慣などは、幼少時よりのものというほかなく、東京で暮らすようになっても、その習慣は止まることなく、おそらく死の寸前までつづいていたことは、「仏壇も炬燵もあるや四畳半」という句が示している。子規庵には仏壇が安置されていたことなど、子規論にはあまりでてこないが、仏壇の句はまた「魂棚」「聖霊棚」とも呼んで、「仏壇のともし火消ゆる夜寒哉」「仏壇の柑子を落す鼠哉」「仏壇に風呂敷かけて煤はらひ」「仏壇に水仙活けし冬至哉」「仏壇に桃活けてある三日哉」「仏壇に鶏頭枯る、日数哉」など数多く詠っている。子規は床に臥せる前までは、仏壇に向かって読経もしていた。じつは子規にとって読経は平素の生活のなかに日常茶飯として行われていたのは、明治二三年七月一五日付夏目金之助（漱石）宛書簡に「午眠と読経とに日をくらし居る候」と、日ごろ読経をしていることを告げていることからも証明できる（一八四ページ）。

六畳の床に緊縛されるまでの子規は自ら坐禅を組むこともあったようだ。二三年四月の「無花果艸紙」には坐禅を説明して「あぐらをかいて半ば眼をあけて、体を真直にして両手は膝の上の拇指がひっつかぬ様に向ひあはせ、呼吸も有るが如く無きが如く」とあり、つづけて「まづ試みにあぐらをかいてごらんなさい。一番に目のふちがかゆくなり鼻のさきがかゆくなり頭がかゆくなり首筋がかゆくなり、終に身うち中むづむづしてたまらなくなります」などと体験まじりの滑稽な文章を残している。「納豆の声や坐禅の腹の中」は自身の坐禅の様子だろう。

宇宙の根源とは何かと問いつづけていたのは子規の根からの定見だったことはすでにのべたが、仏教を知識として捉えようとするのではなく、仏教の説く教義のその奥の理を探求したいと考えていたふしがある。これは逆にいえば、子規にとって仏教とは墓参とか年忌法要を勧めるとかといった仏教生活を指すと理解したほうがはやい。

一般に、生きるとはただ肉体だけの生とはかぎらない。魂としての人間存在という認識が文学をはじめ音楽や絵画など、芸術活動の基本をなしてゆく。そういう意味からすると子規はたしかに肉体の生だけで生きていたのではなかった。むしろ魂の存在としての自己をしっかりと見つめていた。それらを裏付ける底辺に仏教思想が居座っていた。それは子規にとって意識的なものとしてではなかったかもしれないが、若い時に「魂祭ふわふわと来る秋の蝶」なり「誰が魂の夢をさくらん合歓の花」と詠った子規は蝶や花にも魂のあることを認めていた。それは三一年の「春の山春の水御魂鎮まりぬ」、死の年の「陽炎や石の魂猶死なず」などには春の山や水に、また石にさえ魂が宿っていると詠った。このような信仰といってよい態度は自身の存在そのものにも適用されてゆく。すなわち二六年に詠われた「生身魂我は芋にてまつられん」は自身を生身魂と確認する子規の姿。それはさらに「我病んで魂祭るべくもあらぬ身よ」と詠われたが、この「魂祭るべく」は、自身が病に臥せる身となってしまったので、ご先祖の魂を祭ることもできなくなっか。

たとも読めるが、そこからさらに自身の魂もまた祭られることはないと読んでもよいのではない

子規のこのような魂にたいする認識は、当時一般に行われていた日本人の仏教的民俗と規定してもよい。盆になれば迎火・送火を焚いてご先祖様を偲ぶが、子規はこのような迎火・送火をまた魂迎・魂送とも表現した。句に「迎火や墓は故郷家は旅」とあるところをみれば、子規にとって盆行事は故郷に思いをはせるものだった。そういう意味からは墓参もまた日常欠かすことはなかった。「家族従者十人許り墓参」「盆過の小草生えたる墓場哉」「石ころで花いけ打や墓参」「墓参の帰りを行くや菊細工」などには墓参がすっかり日常化していたことを示している。帰郷の際に父の墓に詣でたときには、「畑打つよこゝらあたりは打ち残せ」と詠んでもいる。これは父への追慕の思いもあろうが、魂にたいする子規自身の感慨ではなかろうか。盆には寺から坊さんが棚経に参られていたが、住職は小僧を伴って参られていたようで、子規は「棚経や小僧面白さうに読む」と詠んだ。小僧にたいしては「短夜やしやべりの小僧味噌を摺る」とも「朝寒や小僧ほがらかに経を読む」「叱られて芋嫌ひの小僧泣きにけり」と同情の念を寄せている。

〈家君の二十五回忌にあひて〉と前書きのある「手向くるや余寒の豆腐初桜」は父親の年忌法要の句だが、「陽炎や七年前の顔見ゆる」〈〈七回忌〉〉や「桜散つて山吹咲きぬ御法事」〈〈静渓先生七回忌〉〉などの句は、知人の年回忌も絶やすことがなかった子規の姿がある。子規の宗教句にはその他、涅槃会や灌仏会（仏生会）、彼岸会等を詠ったものもあるが、また天王寺、三井寺、

須磨寺、中禅寺、長命寺、本願寺、東大寺などへ参詣した句もおおい。子規は寺参りを日常茶飯のこととしていた。そんななかで注目されるのは「大仏」。大仏を詠った句は、調べてみると五九句ある。大仏は長谷のものもあれば東大寺のも含まれるが、一部ここに提示しておこう。「大仏にはらわたのなき涼しさよ」「大仏のうつらうつらと春日かな」「大仏のうしろ姿も長閑なり」「大仏に草餅あげて戻りけり」「大仏につきあたりたる燕哉」等々。ありふれた句がならんでいるが、子規の大仏にたいする親しさがこめられている。なお日蓮関係の七一、大仏の五九につづき三番目に「お盆」、四番目に「仏壇」、五番目に「彼岸」の句がおおく詠われていること蛇足ながらつけ加えておこう。

今までにみてきたように、子規は死の寸前にいたるまで、仏教句を詠みつづけていた。子規は仏教的生活に浸かっていたといってよい。それが昂じて仏教界に注文をつけることもあったことはすでにのべたとおり（一五二ページ）。死の半月前に日本仏教を彩る五高僧（最澄・空海・法然・親鸞・日蓮）を賛嘆したことは「はじめに」に紹介したとおりだが、そのほかにも聖徳太子や道元などの句もある。これらは子規の仏教に対する造詣の深さを示している。経典についても『涅槃経』『維摩経』『法華経』など、禅書は『碧厳録』『普勧坐禅儀』などを読んでいた。キリスト教についても造詣の深さを吐露し、二三年の『無花果艸紙』には「私は通例の日本に行はれてゐる様な耶蘇教は余程真宗に似てゐると考へます。ゴッドという者をこしらへて万物の源とするのは阿弥陀をたてると同じこと」と、キリスト教と浄土真宗が通底するといっている。

そのように仏教句を詠んだ子規だが、句数のうえでは「日蓮」や日蓮宗の本山などへの参詣の句がもっとも多く七一句を数えた。数のうえではそれにつづいて「大仏」の句がおおい。これらのことは子規の宗教生活にとって重要な位置を占めていたことを示しているというより、子規という人物の全体像に肉迫する材料となるのではないか。

「子規句集」の選者たちが選句した宗教句のうち「大仏」句と「日蓮」句についてみてみると、「大仏」句は、全句集中五九句が数えられる。「日蓮」句については①の瀬川疎山選『子規句集』が四千句選句のうち日蓮関係句を八句選していることは例外としなければならないが、その他の選句者としては③⑤⑦は五句選せられている。他は四句以下である。そんななかで、大岡信⑱が選句した「安房の海や霧に灯ともす漁船」「凩も負けて太鼓の木魂かな」の二句は、どちらも独立して詠むときにはこれが日蓮関係の句とは受けとめにくいだろう。信はどこまでも作品のよしあしで選句しているという視点があるわけで、この点は他の句集にも適用されると考えられる。

大岡信は子規の宗教句を重視していなかったというよりは、俳句作品としての評価を基準にして選句したとおもわれるという点について、大岡は「死生観私見」のなかで「彼は生涯宗教心とは無縁だった」とのべているから、このような視点にたって、子規を純粋な俳人として評価した結果、おのずから宗教句が少なくなったのではないか。これに関して『子規の俳句』の「解説」に信は次のようにいう。

何度も通読して感じるのは、子規の精神活動の弾力性と軽快さです。単純に言えば、子規の

表五　子規の俳句数と宗教句数

年度	全俳句数	宗教句数	大仏句	日蓮句
18年	7	0	0	0
19年	1	0	0	0
20年	23	2	0	0
21年	31	0	0	0
22年	32	1	1	0
23年	53	2	0	0
24年	231	15	0	9
25年	1665	47	2	0
26年	2998	71	4	2
27年	1965	123	17	13
28年	2836	184	18	17
29年	2994	166	12	9
30年	1466	53	2	1
31年	1409	67	2	12
32年	903	19	0	2
33年	641	16	1	2
34年	524	7	0	1
35年	412	17	1	3
計	18191	787	59	71

精神の元気よさです。そして、それを支えている大きな要素は、彼の想像力の活潑な働きにあることも明らかです。写生とか写実性とかいうものも、その根柢に軽快に働く想像力があってこそ、陰翳豊かな力を発揮するものだという真実を、子規の軽やかに詠まれた句を詠みかえすたびに、痛感するのです。

信の眼差しは徹底しており、そこから無宗教者子規像が形成されたといっても過言ではあるまい。しかし現実に子規は日蓮関係句をおおく詠っていたわけで、このことを無視することはできまい。そういう意味からすると、信が選句した日蓮関係の二句を、信はこれが佳句として採ったのだろうが、それがたまたま日蓮関係の句であったわけで、こんなところにも子規と日蓮の関係がただならぬことを裏書きしているようにおもわれる。

子規の日蓮との関係については、すでに第三章にのべたとおりで、句中に「誕生寺」「本門寺」「中山寺」「御命講」「日蓮」「佐渡」といった固有名詞が使われていた。このほかに子規の日蓮に寄り添った視点について、「はじめに」で帝釈天の掛図にも触れたが「ホトトギス」明治三二年九月一〇日の「ゐざり車」という文章を思いだす。死の三年前にゐざり車に乗って東京の町を徘徊し、そのとき虚子の家に立ち寄ったときの記事である。

やがて虚子の宅に着くと、虚子、瓢亭を呼びにやる。又田安宗武の歌をおろ覚えに覚えたる限りいひ聞かす。虚子、日蓮の伝を取り出して、頻りに日昭、日朗の事をいふ。瓢亭来る。どうして来た、といふ。宗武にうかされて来たといふ。西洋料理をもてなさる。灯を点す（「ゐざり車」）。

虚子は子規を前にして日蓮伝やその弟子日昭や日朗のことを熱心に語った。日ごろ子規が日蓮に関心を抱いていたことを示しているわけで、子規の句に日蓮関係の句の多いことは、右の文章によっても諒解されるし、虚子など子規と近しい関係にあった人が五句なり四句なりを選句していることも関連してゆくだろう。それにくらべると、戦後の選句者たちは日蓮関係句をきわめて少なく選句している。表三に示したように絶無というのももっともおおい。これは子規という人の評価を宗教という視点ではなく、文学者子規という前提から結果したものだろう。こうして子規といえば無宗教家というイメージないし評価が定着していったと考えてもよい。

ところで正岡子規は俳句や短歌のみならず文章家としても革新者というイメージをもつ。それは否定できるものではなく、明治初期において多大な影響を後世にのこした業績が子規＝革命者という図式は今や確定しているといってよい。教科書的にいえばそのとおりにちがいない。『俳文学大辞典』に「子規は、近世末以降の旧派の弊風を打破し、明治新時代の写実説を深めて、俳句革新・短歌革新・写生文提唱に写生の平淡味を実践し、近代詩型文学革新の偉業を達成した」とある如くである。子規のイメージはどこまでも革新者として確立しているといってよい。

ところが子規の近くにいた、子規の姻戚にあたる服部嘉香の「常識的革命者　正岡子規論」には、子規を「常識的革命者」と位置づけて次のようにある。

> 子規の一生、その事業とその主義を回顧してみると、此の二つの名詞が同時に子規を説明する最も適切な、また便利な符合だと思はれる。〈中略〉常識のある人は即ち平凡な人である。あまり常識の円満な、角の除れ過ぎたお人好しといふ意味にとつては悪いが、兎に角常識的といふ言葉には平凡といふ意味が多分に含まれてゐる。そしてまた子規の意志が強いといふ、その一徹の意志、精進不退転の精力は偉大といふ形容詞を与へて可いほどのものであつた。即ち偉大な凡人とは又意志精力の強い常識の人といふ事になる。これが子規の人物の全部である。

服部はこのように子規を「常識的革命者」と規定したが、このようなことはまた桑村竹子という人の子規評「平凡なる偉人」ということばに通じるものがある。服部のいう「常識と革命」、桑村のいう「平凡」と「偉人」というのは相矛盾するだろう。しかしこうした矛盾をはらみながら偉大な業績をとげた天才子規が史上に躍り出ていったのである。後世にまでつよい影響を与えつづけた子規の業績は、このような「常識と革命」「平凡と偉人」といった相克なしには語りえない。天才的な偉人をひとつ縄でくくること自体が真実をつかないのではないか。

そういう意味からすると、子規の無宗教家宣言ともいいうる句、「行く秋の我に神なし仏なし」をみると、子規には神も仏もない、無宗教者ということになってしまう。おおくの子規論が子規を無宗教家と規定するのは、この句を傍証としたからか、たとえば「人物叢書」の一冊、久保田正文著『正岡子規』の「子規の宗教について」の項には「神よ、仏よというふうな感傷的宗教意識などは、子規にとってまったく入りこむ余地はなかった」と明確に裁断されている。しかしこの句に代表される子規のこれは詭弁といってよい。このことは本書第三章で検証したとおりである。こうした詭弁は子規の芭蕉論に通底するとおもわれる。すなわち子規は芭蕉を徹底的に撃破したことで知られており、それはたとえば二六年の『芭蕉雑談』等に明白に吐露された。ところが晩年、子規は次のような文章を発表している。

芭蕉は俳諧歴史上の豪傑にして、俳諧文学上には何等の価値も無き人なるかといふに、決して然らず。余は千才の名誉を荷はしむべき一点の、実に『芭蕉集』中に存するを認む（三二年「幻住庵の事」）。

ずいぶん芭蕉をもちあげた論ではないか。子規の文章中にはこの他にも芭蕉を根本から否定し

たのではないという文章は、芭蕉よりも蕪村を賞揚したことで有名な『俳人蕪村』にも

俳句界二百年間元禄と天明とを最盛の時期とす。元禄の盛運は芭蕉を中心として成りしもの、蕪村の天明における は芭蕉の元禄におけるがごとく……

同著のなかでは芭蕉の佳句を一〇数句あげてもいる。子規はけっして芭蕉を否定したのではなかった。にもかかわらず子規の芭蕉論は一般には否定論に傾いている。これは子規の本意ではないだろう。否定と肯定を受け入れるというのは明らかに矛盾するのだが、この矛盾を濾過せずには子規の芭蕉論、ひいては子規という人物の全体像は把握しきれない。子規の近くにいた服部桑村の「常識と革命」「平凡と偉人」という発言もまた多分の真実がこめられていると受けとめる必要がある。

この子規の精神はどこからきているのだろう

注目されるのは明治三四年の「糸瓜さへ仏になるぞ後る丶な」という句。この句は選者たちが選句した子規句集のうち、①の瀬川疎山、⑦の高浜虚子、⑪の山本健吉、⑫の筑摩書房編集者、⑬の山口青邨、⑱の大岡信、⑲の「俳句」編集者、⑳の長谷川櫂とおおくの人が選句しているが、この句には「草木国土悉皆成仏」という前書きがある。この格言めいた金言を子規は明治二四年一〇月六日付河東秉五郎(碧梧桐)宛書簡に、芭蕉の「稲妻にさとらぬ人の尊とさよ」をあげて「草木国土悉皆成仏。春花秋風豈二あらんや　悟れば同じ法心法相。黙」としたためている。子規は若いうちからこのような仏教語をさらりと使っていた。この「草木国……」が『涅槃経』の「一

切衆生悉有仏性」からヒントをえた日本で新造されたものということはすでに述べたとおり（一〇ページ）。これは草や木に代表される自然界すべての成仏を意味する。㉑の「糸瓜咲て……」を選句した小澤實はこの句の評釈中に「このことばが日本古来の神仏習合思想をあらわすことば」と註しているように、きわめて宗教臭のつよい句なのだ。

子規がこの「草木国……」という金言に含ませたのは、じつは彼の終生の主張であった「写生」と関連している。その主張した写生とは『病牀六尺』に

> 写生といふ事は、画を画くにも、記事文を書く上にも極めて必要なもので、この手段によらなくては画も記事文も全く出来ないといふてもよい位である。〈中略〉日本では昔から写生といふ事を甚だおろそかに見て居つたために、画の発達を妨げ、また文章も歌も総ての事が皆進歩しなかつたのである。それが習慣となつて今日でもまだ写生の味を知らない人が十中の八、九である。〈中略〉写生といふことを非常に浅薄な事として排斥するのであるが、その実、理想の方がよほど浅薄であつて、とても写生の趣味の変化多きには及ばぬ事である。（六月二十六日）

子規は「写生」に対するものとして「理想」をあげた。「写生」と「理想」というアントニムで想起されるのは二九年の『松蘿玉液』にある「おもしろきものは相対なり煩悩なり、つまらぬものは絶対なり悟りなり」という文章。子規が生涯の仕事として俳句を選択したのは、俳句を「おもしろきもの」と規定したからだったが、たいする仏教の悟りすなわち「理想」を「つまらぬも

の」とした。煩悩にまみれた世界を写生しつづけるところに子規はいのちの本質をみいだして俳句道を進んだわけで、これを一語にまとめればすなわち「草木国土……」ということになろう。

子規はまた『墨汁一滴』（八月七日）に

草花の一枝を枕元に置いて、それを正直に写生して居ると、造化の秘密が段々分つて来るやうな気がする。

ともいっている。「写生」をつきつめれば「造化」というのである。つまり写生は「造化」という理想にゆきつくというのである。子規の「草木国土……」に寄せた意味ははなはだ深かったというべきであろう。子規が仏教句をおおく詠った意味はそのようなところに起因するということにほかならない。

そして辞世の一句「糸瓜咲て痰のつまりし仏かな」。この句は死の一日前、九月一八日に詠まれた。この日来診した柳医師は親類縁者への連絡を示唆した。河東碧梧桐、陸羯南ののち、高浜虚子もやってきた席で、この句は詠まれた。こののちつづけて後の二句も詠まれたが、第一句目、臨終間近ということを覚悟した子規が自分を「仏」とみたのである。ここには仏教徒正岡子規の偽らざる姿が如実に顕在している。子規論に無宗教家というレッテルを貼った人々はこれをどのように読んだのであろうか。

あとがき

本書を閉じるにあたり、あらためて子規と日蓮に通底する語彙は何かと問うてみると、子規の次の文章を思い起こす。

今日の人間は感情的より道理的に進みつゝ、あるなり。故に宗教を選ぶにも初めより其説教を聞き経文を読み、尤も理くつの正しいと思惟するものを取るなり。

これは本書一五四ページに引用した子規の宗教観・仏教観を端的に表明したものである。この二三歳の文章の頃から子規の子規としての活動は開始されることになるが、これはつまり子規がこのような正義感を基底に抱きながら生涯を送ったことを伝えたものといえる。それを子規は仏教本来の目的である悟りへの道程としてではなく、煩悩さかまく世界、つまり「おもしろきもの」と捉え、煩悩さかまく世界を俳句なり短歌という作品のなかに吐露していった。それは終わりのない旅である。

ひるがえって日蓮はどうだったか。中国の智顗がひらき、日本の最澄へと伝えられた法華経の正統仏教を継ぐものとして出発した日蓮は、これも本書に記した「正直捨方便」「依法不依人」

というおしえを抱いての出発だった。方便を捨てて正直一筋に突っ走ったのが日蓮だったが、その所説は後世には大きな教団として花咲かせてゆくものの、日蓮存命のあいだには一部の人々にだけしか理解されることはなかった。「正在報身(しょうざいほうじん)」は智顗の説いた仏教論の基底をなすものだが、その意味するところは悟境への道程そのものが尊いというわけで、つまり終わりのないのが人生というのである。

子規のいう「おもしろきもの」は「正在報身」に通じてゆくだろう。人生に終わりはないのである。終わったときにはもう次の射程へとめざすのが人間のさがと捉えれば、子規も日蓮も世界のあるいは宇宙の真理のままをそれぞれ独自に展開していった。そういえば法華経の熱心な信者だった宮沢賢治は「未完成の完成」ということばを残した。これらは今を生きている私たちの人生そのものへの金言となろう。

こうした金言は俳句を作る人々にとっても大切な指針になる。俳句にたった一つの真実なんかは宿らない。どこまでいっても悟り世界は未完成のままである。仏教者もまたひとりすまし顔で増長するのではなく常精進の道をひたすら歩んでゆく。子規や日蓮が歩んだ道を、私たちもまたおおいに学んでゆきたい。

ここで本書を著す経緯についてのべておきたい。

一八歳のときはじめて『法華経』を読んで感動した私は、七六歳にしてはじめて知った子規のあの病床生活におおいに感動させられた。両者に共通するものとして仏教歌に関心を抱くうち、ふと手にした『新古今集』に法華経歌がおおく詠われていることに注目すると、次々と「勅撰和歌集」を読むにいたった。令和二年一月二六日、御影史学会の第四〇四回の例会で神戸女子大学のポートアイランドキャンパスにおいて「勅撰和歌集における仏教」という題のもと、二時間にわたり発表させていただいたのは、その結果の賜物である。私は御影史学会の会員ではないが、前会長の田中久夫さんや現会長の酒向伸行さんとのつながりで発表させていただいた。御影史学会ならびに両先生に感謝の気持ちをささげたい。これを第一章にまとめさせていただいた。

第二章は花野充道先生主宰『法華仏教研究』誌・第七号掲載の「日蓮伝再考」、および第一〇号掲載の「日蓮の上行自覚について」を改稿したもの。花野先生には改めて感謝の気持ちを伝えたい。

第三章は令和二年に開催される予定だった「法華宗教学研究発表大会」がコロナウイルスの関係で中止のやむなきにいたったのだが、草稿はできていたので、これを基として新たに稿をおこした。

本書はサブタイトルに「ひとつの法華経受容史」としたが、このなかに正岡子規を加えたのは『子規全集』のページを繰っていたとき、子規が日蓮聖人を高く評価していることを知ったからである。子規の仏教にたいする烱眼から、あらためて日蓮聖人という宗教家の偉大さを身に沁みないわけにはいかなかった。と同時に、日本における『法華経』の歴史がただならぬ位置を占めていることにも驚愕させられた。古代から中世における日本文化の基調が仏教にあることはいうまでもないが、そんななかに『法華経』がふかく関係しているのは「神仏習合」や「天台本覚思想」等にみられるところ。この思想が日蓮聖人をとおして子規へまでつづいたのである。しかもこの思想は子規かぎりのものではなく、高浜虚子へとつづいてゆくのである。

虚子は浄土真宗の門徒だから「涼しさは下品下生の佛かな」「開帳の時は今なり南無阿弥陀」「虚子一人銀河と共に西へ行く」などと作ったが、なかに「常寂光土浄土に落葉敷きつめて」という句がある。これはあきらかに天台教学に基づいた句である。しかも虚子は俳論を示すときには天台本覚思想を援用しているのだ。すなわち『俳句への道』には

主観というものは、一念三千の謂いである。客観というのは諸法実相の謂いである。もろもろの法は千変万化摩訶不思議である。これを描写しようとしても容易ではない。しかしながら作者の感じたところの客観を写すことは出来る。人々によって違う客観の天地がある、作者はその作者が見た客観の天地を描く

また同著には「諸法実相を裏返せば一念三千となる。諸法実相を知ることによって一念三千を知ることが出来る」ともいっている。

これら虚子の俳論をうけたからだろう、恩田侑布子『余白の祭』には虚子のいう天台本覚思想の「諸法実相」に注目し、

諸法実相とは、この世のありとあらゆる存在が、そのまま真如をやどしているとする現実肯定の思想である〈中略〉虚子以降の近現代俳句において、この草木悉皆成仏の天台本覚思想は、

意識するとしないとにかかわらず、伝統派の精神の地下水脈を形成していくことになるとある。子規の思想は虚子へ、そして現代俳句にかかわっているというのである。

わたしは四〇数年を法華坊主の住職として生かさせていただいたが、六年前に住職を引退してからは自由の身として気ままに俳句なんかを作っている。その過程で子規とであうことができた。自由の身とはいえ、今も日蓮聖人も子規も『法華経』を通してわたしの心、わたしの精神のなかで生きつづけている。このことを一書にまとめることができたことは喜び以外のなにものでもない。子規の宗教論など対象になるはずもないと考える向きもあるかもしれないが、本書に論証したように子規はとても信心深い仏教徒だった。

日蓮も子規も溶けゆく秋の空
子規庵のさやけし経や御命講
柿を手に子規に馴れゆく仏書かな

最後になったが、本書出版にさいして東方出版の北川幸さんの慧眼と適切なアドバイスを通さねば本書がおおくの瑕疵を残すことになったであろうことを付記し、北川さんに感謝の念をささげたい。

令和三年一〇月一五日　傘寿の誕生日に記す

川口 勇（恵隆・日空）
1941年　京都府福知山市に生まれる
1974年　正立寺住職就任
2015年　正立寺住職退任
現在　日本印度学仏教学会会員（会員歴50年）
　　　俳句結社「古志」同人（会員歴10年）
著書『法華経世界ここにあり』『本地の人・苅谷日任上人』（編）『法の話・法の詩』『仏教の門』『仏教の本流を往く』『俳句的仏教的俳句』その他
論文「日蓮」「霊異記の法華経」「トガノオ考」「日蓮聖人の後世観」「日蓮聖人と諸天善神」「道元禅師の法華経一　二」「道元禅師と日蓮聖人の法華経観」「日蓮伝の一考察」「日蓮の上行自覚について」「三十番神について」「神仏習合と本覚思想」「仏教と俳句」「芭蕉の方法―その推敲の足跡」「つらぬく棒―『かるみ』と明治の俳人たち」「俳人たちの老境」「闘病と受難―子規の宗教観と日蓮」その他
詩集『ぼさつの道』『みほとけよ』『塵のなか』『死を生きる』『入学式』『みつめる』『水の音』『流されて』
宗門行賞（1995年）　第八回古志俳論賞（2013年）　第十三回涙骨奨励賞（2017年）

子規と日蓮――ひとつの法華経受容史

2021年10月26日　初版第1刷発行

著　者――川口 勇
発行者――稲川博久
発行所――東方出版（株）
〒543-0062　大阪市天王寺区逢阪2-3-2
Tel. 06-6779-9571　Fax. 06-6779-9573
装　幀――森本良成
印刷所――亜細亜印刷（株）

ISBN978-4-86249-419-1